LES DISPARUS

ROGER DE BEAUVOIR

LES
DISPARUS

PARIS
DENTU ET Cie, ÉDITEURS
LIBRAIRES DE LA SOCIÉTÉ DES GENS DE LETTRES
PALAIS-ROYAL, 15-17-19, GALERIE D'ORLÉANS

1887
(Tous droits réservés.)

LES DISPARUS

TROMPETTE

— Nous voici arrivés, nous dit le conducteur en descendant de son siège.

Nous avions quitté à Monts le chemin de fer de Bordeaux, après avoir admiré le viaduc de près de 300 mètres sur l'Indre, le joli paysage qui couronne le magnifique château de Candé, et pris la diligence conduisant à Artannes. Car c'est ainsi que nous courons les routes à la recherche des célébrités disparues, avec l'ardeur et la conscience des commissions de savants qui vont découvrir les ruines de Ninive.

Le conducteur me montra une petite maison proprette et gaie à l'œil; à une fenêtre ouverte de l'étage inférieur, paraissait la tête fatiguée et triste d'un homme immobilisé par la maladie et n'ayant d'autre distraction que de suivre le mouvement de la route et de contempler la campagne ensoleillée et les belles verdures de hauts peupliers alignés en bataille sur les rives de l'Indre.

— C'est là qu'il demeure, nous dit-il.

Il, c'est Trompette, l'héritier de Carême et de Gouffé, le dieu de la science culinaire, le cuisinier de Gambetta, qui eût été un instrument diplomatique de la plus haute importance, si les événements n'avaient pas tout renversé ; car, de mémoire d'ambassadeur, on n'avait jamais aussi miraculeusement dîné à l'hôtel des affaires étrangères que pendant le temps, trop court, où ce professeur émérite présidait aux fourneaux.

Hélas ! les bonheurs durables ne sont pas de ce monde : gloire, grandeur, fortune, tout est balayé par les ouragans de la fatalité. Trompette n'est plus le Trompette brillant, envié, que les maisons les plus aristocratiques s'arrachaient, qui recevait les félicitations des représentants des grandes puissances. La maladie s'est abattue sur lui et l'a écrasé. Lorsqu'il eut quitté le service de Gambetta, il vint se retirer à Artannes, dans une petite maison dont il est propriétaire depuis une dizaine d'années et qu'il avait achetée quelque dix mille francs. Il y tomba malade, à peine arrivé ; la gangrène s'était mise à son pied gauche. Un chirurgien très habile, très distingué, M. Herpin, fut obligé de lui faire l'amputation de trois doigts, dont l'orteil. Après d'épouvantables souffrances, le pauvre Trompette fut tiré d'affaire ; mais condamné à l'immobilité, et forcé de refuser les offres brillantes qui lui arrivaient de tous côtés. Ainsi, il lui avait été proposé 60,000 francs pour aller en Russie, avec une équipe de vingt-cinq aides, à l'occasion du couronnement du czar.

Il est soigné avec grand dévouement par sa femme et paraît

assez résigné. Cependant l'inaction lui est lourde, et surtout l'impossibilité de s'adonner à ses occupations favorites. Nous n'étonnerons personne en disant que, dans la maisonnette modeste, mais proprette et confortable, la pièce importante est la cuisine garnie d'un splendide attirail, suffisant pour fabriquer un festin de diplomates réunis en congrès. La grande douleur de Trompette est de voir tous ses foyers éteints, ses casseroles inoccupées et de ne pouvoir, comme il le dit : « descendre à son piano » ; c'est ainsi qu'il appelle ses fourneaux.

Et quand il se rappelle ses jours de gloire ! Le dîner du 3 décembre, par exemple, aux affaires étrangères ; lord Lyons était à la droite de Gambetta et le prince Orloff à sa gauche : 57 diplomates sur 150 invités ! Les convives étaient émerveillés ; tout était d'une science, d'une finesse, d'un ragoût qui atteignaient au sublime de l'art ; l'enthousiasme débordait à ce point que le président dût faire porter à Trompette, par M. Sandrique, son secrétaire, les compliments de l'assemblée.

— L'Europe peut dormir tranquille aujourd'hui, lui dit-il, les points noirs sont dissipés pour vingt-quatre heures au moins ; la diplomatie a l'estomac en joie !

Et cette carpe, qu'il avait pêchée pour le maître dans l'étang de Saint-Cucufa, cette carpe, comme jamais cuisinier de Lucullus n'eût été capable d'en fabriquer une, cette carpe qu'il avait arrosée de deux bouteilles de vin de Jurançon, et que les convives de la petite maison de Ville-d'Avray déclarèrent une création telle, que Trompette devait, après sa mort, être nommé cuisinier-chef du Paradis !

Et de tout cela, de ce passé brillant, plus rien que des souvenirs !

La retraite, la maladie, la souffrance, ont succédé aux grands jours.

Trompette avait été chef chez Louis Fould, chez Laffitte, chez le prince de la Moskowa, chez la comtesse de Boigne, chez M. Dracke del Castillo, chez Thiers (qui est mort lui devant cent francs), chez Pescator, chez la duchesse de Noailles, où Gambetta alla le chercher pour l'attacher à sa maison, quand il fut nommé à la Présidence du conseil. Que l'on ne croie pas au salaire chimérique que lui attribuaient les légendes; il ne recevait que 2,000 francs d'appointements; il est vrai que ce que l'on appelle dans le métier « les gelées » et qui comprend, croyons-nous, tous les restes, les graisses, etc., etc., lui rapportaient beaucoup plus.

A propos de légendes, Trompette proteste contre la coiffure dont l'ont affublé ses portraitistes des journaux illustrés qui, tous, lui ont mis sur la tête la tourte blanche des pâtissiers.

Il n'a jamais eu d'autre couvre-chef que le bonnet de coton.

La rectification est faite, n'est-ce pas? pour les annalistes de l'avenir.

Trompette, retiré dans la plantureuse Touraine, s'y trouve d'ailleurs en bonne compagnie; car il semble que les cuisiniers de la Cour, aient, d'un commun accord, choisi cette riche contrée comme lieu de retraite.

Le cuisinier de la reine d'Espagne et celui de l'Impératrice de Russie y sont déjà installés.

MARCO DE SAINT-HILAIRE

Si celui-là n'eut pas de palais, de dotation et d'honneurs sous le second Empire, il faut rendre hommage à son désintéressement ou constater une fois de plus la profonde injustice du Destin.

Personne, sinon Béranger, n'a autant fait pour perpétuer la légende napoléonienne et exalter le culte des Bonapartes. Ses *Souvenirs intimes du temps de l'Empire* ont contribué, plus que l'histoire même, plus que Norvins, Thiers et autres, aux élections et aux plébiscites de 1848 à 1870. Les anecdotes de l'ancien page, à côté de la grande épopée, et ses amusants souvenirs sur la Cour impériale, eurent un succès fou dans le *Siècle*, où ils furent publiés. C'est avec ces racontars familiers qui montraient, — même aux dépens de la vérité — le héros bon enfant, le grand homme se faisant peuple, bon, simple, généreux, humain, en même temps que patriote ardent, soldat invincible, général ayant toutes les inspirations du génie, c'est par cela et par le « Vous l'avez vu là, grand'mère » de Béranger, que se fit dans le cœur du peuple l'image d'un Dieu. On peut, certes, affirmer que Marco de Saint-Hilaire eut une grande part morale à la restauration impériale. D'autres que lui s'en sont enrichis ; il est resté pauvre : *sic vos non vobis*.

Né le 22 mai 1793 à Versailles, il est, croyons-nous, le doyen de la Société des gens de lettres dont il est sociétaire depuis 1838. Il a écrit une foule de petits livres, de brochures, de biographies, aujourd'hui introuvables, la plupart non signés, ou signés de nombreux pseudonymes, tels que : *M. et Mme Stop, Émile Fumivore, Le comte de Mangenville, Feu mon oncle*, etc.

Tous ces travaux ne lui donnèrent pas la fortune ; il fut même un temps où il eut à ses trousses toute la corporation des huissiers et des recors de Paris. A cette occasion, il dut déployer des trésors d'imagination pour déjouer leurs complots.

Cependant son grand succès du *Siècle* lui permit de réunir en de solennelles assises tous ses huissiers qu'il paya intégralement, mais à cette condition *sine quâ non* qu'il dînerait une fois par mois chez chacun d'eux, ce qui fut accepté avec enthousiasme, parce qu'il était un aimable et spirituel convive. Et ils étaient un assez grand nombre pour que, jusqu'à leur mort, Marco, s'il l'eût voulu, n'eût plus à s'occuper d'un seul de ses dîners. Ce fut probablement dans cette phase de sa vie qu'il prit le pseudonyme de *Comte de Mangenville*.

Il y a si longtemps qu'il ne donne plus signe de vie littéraire, que beaucoup le croient parti pour le séjour des bienheureux et que les vieux grognards de la garde impériale sont venus le recevoir aux portes des régions élyséennes. Il n'en est rien et l'on n'a, pour s'assurer du contraire, qu'à aller au passage Ferdinand, dans l'avenue de Neuilly. On y rencontrera un beau vieillard, grand, sec, qui porte gaillardement ses quatre-vingt-quatorze ans. Il dit qu'il doit cette robuste longévité à l'hydrothérapie qu'il a toujours pratiquée avec une foi inébranlable dans ses effets bienfaisants.

Elle lui a pourtant joué un mauvais tour.

Il habitait, seul, le dernier étage d'une maison. Un matin, après sa douche, il sortit nu sur son palier pour vider son *tub* dans le plomb. Il agissait avec ce sans-façon, se sachant le seul occupant. Mais un coup de vent ferma la porte de son appartement et le voilà sur le palier dans le costume d'Adam avant la faute. Pour comble de malheur, il entend monter deux dames qui, se trompant d'étage, s'engagent sur son escalier. Que faire? Marco place bravement devant lui son *tub*, d'ailleurs beaucoup plus grand qu'il n'était nécessaire pour ce qu'il avait à cacher. Et les dames montaient toujours. Quand elles aperçurent ce torse, elles dégringolèrent l'escalier en poussant des cris d'orfraie. Toute la maison fut sur pied, et l'on accourut voir le pauvre Marco, fort penaud, dans la pose d'un guerrier classique qui aurait perdu son casque. Il en prit cependant son parti, et, en attendant le serrurier, il s'assit sur les marches et raconta aux assistants gouailleurs le combat des Thermopyles.

Il a eu beaucoup d'esprit comptant. Un jour, chez la comtesse de B..., le domestique se trompe et annonce, au lieu de *Marco de Saint-Hilaire, M. le marquis de Saint-Hilaire.*

— Ce n'est rien, madame, dit-il à la comtesse qui le regarde étonnée, c'est un simple *qui pro quo*.

Il est chevalier de la Légion d'honneur.

SUZANNE BROHAN

La mère d'Augustine et de Madeleine.

Ce n'est pas un mince honneur d'avoir donné au théâtre deux femmes de la valeur de ces deux artistes, qui reçurent des fées bienfaisantes la beauté, l'esprit et le talent.

Mais Suzanne Brohan a plus que cette glorieuse maternité pour appeler le souvenir. Elle a laissé une trace lumineuse aux théâtres où elle a passé, et, si la mémoire des grands succès artistiques n'était pas chose légère et fugace, l'éclat qu'elle a jeté à l'Odéon, à la Comédie française et surtout au Vaudeville, où elle fut longtemps l'enfant gâtée du public, devrait la préserver à jamais de l'oubli.

Elle fut une Dorine incomparable, et Madelon, des *Précieuses*, ne trouva pas meilleure interprète, jusqu'au jour où l'héritage de ces deux rôles passa aux mains de sa fille Augustine, qui y mit sa belle gaieté au rire éclatant, son esprit endiablé, et en fit les admirables créations que l'on sait.

Au Vaudeville, nous l'avons dit, Suzanne Brohan était l'étoile, la diva choyée, adorée : son talent, du reste, justifiait toutes les faveurs. Elle en usait avec ce théâtre comme une enfant gâtée qu'elle était, faisait des coups de tête, s'emportait, fuyait, se brouillait, rompait la paille. Querelles d'amoureux ; ils ne pouvaient se passer l'un de l'autre ; deux jours après, il n'y paraissait plus, Marinette avait mis sa main dans celle de Gros René.

Elle avait habité l'hôtel de Rambouillet : c'est là qu'était née Augustine, et l'on dirait vraiment que de tous les coins de l'hôtel fameux et charmant, l'Élégance, l'Esprit, la Fantaisie, la Belle humeur s'étaient groupés autour de ce berceau. De cette atmosphère de grâce et d'intelligence, l'enfant fut toute pénétrée : elle l'a bien montré étant devenue femme.

Que ces temps sont loin !

Voici tantôt quarante ans que Mme Suzanne Brohan est retirée du théâtre.

Elle en a soixante-treize. Elle vit tranquillement à Fontenay-aux-Roses dans la petite maison que lui a achetée sa fille Madeleine, sa chère Madeleine, qui adore sa vieille mère et lui témoigne la plus touchante sollicitude, Madeleine qui eut la suprême beauté et a la bonté angélique, sans compter un talent assez grand pour la dispenser du reste.

Et cependant, en pleine floraison, en plein succès, au lendemain de sa triomphante création dans *Le monde où l'on s'ennuie,* elle a abandonné la Comédie.

Depuis longtemps déjà, elle rêvait la retraite auprès de sa mère vénérée et des êtres chers auxquels le théâtre la dérobait.

Les petits-enfants de Mme Suzanne Brohan l'entourent le plus souvent ; ils font un joli cortège de fraîcheur, de jeunesse et de gaieté à l'aïeule qui a reporté sur eux toutes ses forces affectives.

PRINCESSE DE METTERNICH

Quand elle vint à Paris, en 1859, — le Prince, son mari depuis trois ans, ayant été nommé ambassadeur en France, à la reprise des relations diplomatiques, — elle avait vingt-trois ans ; elle était sans beauté, mais elle avait au suprême degré le charme, l'élégance, l'esprit, une véritable originalité et un cœur vaillant, ferme, ardent dans ses amitiés et aussi dans ses haines. C'était la plus séduisante et la plus adorable laide que l'on pût imaginer, exubérante de vitalité et grande dame autant que Reine au monde.

Elle aimait la France, elle l'a toujours aimée, elle l'aime encore, malgré les événements qui l'ont fait s'en éloigner.

Il lui fallut peu de temps pour gagner tous les cœurs et la placer au premier rang à la cour et dans la société élégante, jeune, vivante et joyeuse, en ces années brillantes où l'Empire, à qui tout semblait réussir, battait son plein.

Et jusqu'en 1870, aimée, choyée, admirée par les uns, inutilement calomniée par les autres, elle tint à Paris le sceptre incontesté de l'esprit, et ne contribua pas peu à établir entre son pays et le nôtre un lien franchement sympathique, tout naturel, du reste, entre deux anciens combattants que la lutte laisse sans haine, pleins de l'estime et du respect qu'ont l'un pour l'autre, après le duel, de braves et loyaux adversaires.

Depuis la chute de l'Empire, la Princesse a abandonné

Paris, où son hôtel de la rue de Varennes est absolument désert. Elle n'y a plus mis les pieds et n'a pas l'intention d'y revenir, car elle en a fait enlever tout le mobilier.

On espérait la revoir au mariage de la jeune comtesse de Pourtalès et du baron de Berckheim. Tous les regards la cherchaient au premier rang de la foule d'élite qui se pressait dans le temple de la rue Chauchat. Elle n'est pas venue.

.. Mme de Metternich et son mari vivent en Autriche, soit à Plass, en Bohême, où le Prince a une propriété, soit à Vienne.

Dans son livre : *La Société à Vienne*, le comte Vasili a tracé, de la princesse, un fort joli portrait dont nous demandons la permission d'exposer une copie dans notre modeste galerie :

« Que vous dirai-je de la princesse Pauline de Metternich
« que vous n'ayez déjà entendu? La princesse est assez célèbre
« en Europe, pour que sa figure, son caractère, ses allures,
« ses goûts, son élégante excentricité aient été l'objet de
« cent mille contes divers. Comme les natures tout en dehors,
« exubérantes, que leur haute situation et leur fortune ren-
« dent facilement exemptes de préjugés, la princesse a des
« ennemis nombreux qu'elle dédaigne et dont elle méprise
« les racontars, et des amis qu'elle n'écoute pas toujours,
« dont elle se moque assez volontiers. Elle a un esprit étin-
« celant et une sorte de vaillance qui fait qu'elle ne recule
« jamais devant l'expression de sa sincérité; à la fois hau-
« taine et bienveillante, bonne et implacable selon sa fan-
« taisie, elle est assez haut placée pour ne craindre personne,
« et assez grande dame pour s'arroger tous les droits. Si
« elle n'était princesse, elle serait l'une des comédiennes les
« plus remarquables de son temps et digne d'être sociétaire

« au Théâtre-Français. Adorable compagnon pour les hom-
« mes, fidèle aux femmes qui ont su lui plaire, elle aime
« loyalement et déteste de même. L'affection qu'elle a vouée
« à la France est telle que nulle puissance au monde ne pour-
« rait l'obliger à en diminuer ou à en taire la manifestation.

« A Vienne, la princesse a pris naturellement, dans la
« société, une des premières places; elle ne souffrirait pas,
« du reste, d'être reléguée au second rang. Bals, réceptions,
« fêtes, représentations théâtrales, elle sait mettre tout en
« joie dans un château d'été aussi bien que dans un palais
« d'hiver pour que la renommée aux cent voix redise au
« monde entier l'écho de ses actions.

« Voici une anecdote qui vous la peindra telle qu'elle se
« comporte à Vienne. Un de ces hivers, elle arrive en retard
« à un bal que donnait l'archiduc Louis-Victor, et, contre
« l'étiquette, après la venue de l'Empereur. — « Mais, prin-
« cesse, lui dit l'archiduc, en la recevant, l'Empereur est
« déjà là. » — Qu'est-ce que cela me fait? répondit-elle en
« présence de tous les laquais rangés dans l'antichambre;
« pour ce que l'Empereur peut avoir à me dire, j'arrive tou-
« jours assez tôt. » L'archiduc blessé ne répliqua rien; mais,
« l'heure du repas venue, il lui fit annoncer par un aide de
« camp, le comte Cholonianki, que, vu le peu de prix qu'elle
« attachait à la conversation de l'Empereur, il avait disposé
« en faveur d'une autre dame de la place qui lui avait été
« réservée à la table de Sa Majesté. C'était un congé en règle.
« Il fallut l'intervention de François-Joseph, toujours bon et
« indulgent, pour rétablir les choses.

« La princesse Pauline ressemble beaucoup par ses audaces
« de langage à sa belle nièce, la princesse Mélanie de Metter-
« nich née de Zichy, femme du grand chancelier de l'Em-

« pire, laquelle n'hésitait guère devant un mot terrible. »

Mme de Metternick s'est intéressée et s'intéresse toujours au mouvement artistique français. Elle a fait pour le théâtre de Vienne une propagande aussi active qu'intelligente.

En 1875, elle appelle M. Got, le doyen des sociétaires de la Comédie française, et joue avec lui, sur un théâtre improvisé, dans le palais de la princesse Auersperg, au profit de diverses œuvres charitables. Son succès comme actrice mondaine date de cette époque, bien qu'en 1865, au palais de Compiègne, elle eût fait ses débuts, sous les traits de *la Chanson*, à côté de Mmes de Pourtalès, de Galliffet, de Poilly et Bartholoni, dans les *Commentaires de César* du marquis de Massa.

Dernièrement, nous avons aperçu chez le général Mellinet l'aquarelle d'Eugène Lami, faite à l'occasion de cette représentation et où tous les artistes de la pièce sont portraiturés, depuis M. de Galliffet en fantassin, jusqu'au vicomte Aguado en *Molusko*.

A diverses reprises, la Princesse a reparu sur des petits théâtres aristocratiques, toujours au profit de quelque entreprise utile. Ses derniers succès sont tout récents, car c'est en avril de cette année qu'elle a joué le principal rôle d'une sorte de revue faite par son mari avec la collaboration du baron de Bourgoing.

Notre confrère, M. Silas, dans la *Gazette de Hongrie*, en rendant compte de cette représentation, dit de Mme de Metternich « qu'elle détaille le couplet comme Judic et brûle
« les planches comme Chaumont. Et de même que la prin-
« cesse chante avec un goût exquis, selon la tradition fran-
« çaise, de même elle joue avec une verve endiablée,
« toujours sûre d'elle-même, imposant son indiscutable supé-
« riorité à tous ceux qui l'entourent et à tous ceux qui

« l'écoutent. Aucune artiste ne dira mieux les couplets de
« la Mode, et quand, au début de la pièce, elle apparaît en
« Junon avec sa pourpre trouée, sa coiffure d'un grotesque
« échevelé, elle domine toute la scène par un jeu comique
« de bon aloi. »

Dans cette revue, le baron de Bourgoing était son vaillant partenaire.

La Princesse est aujourd'hui la grande dame la plus populaire à Vienne. C'est elle qui a eu l'idée de la *grande fête des Fleurs*, donnée au Prater de Vienne le 29 mai de l'an dernier.

Tous les équipages de la capitale, voire même tous les fiacres et véhicules quelconques ont défilé dans l'immense allée du Prater, les uns et les autres enguirlandés de fleurs fraîches. Les recettes de ce *corso* ont atteint 100,000 florins qui ont été distribués à trois œuvres de charité.

La Princesse a pris part à ce *corso* avec la baronne de Bourgoing, et, sur son passage, la foule échelonnée le long de l'avenue, lui a fait d'incessantes ovations.

Le Conseil municipal de Vienne lui a voté une adresse de remerciements.

C'est elle aussi qui a pris l'initiative de la souscription ouverte pour envoyer à Paris un médecin chargé d'étudier la méthode Pasteur. La Princesse avait pressenti l'importance de la question et s'en était occupée bien avant que les autorités impériales eussent fait la moindre démarche auprès du savant français.

Ses deux filles sont mariées.

L'aînée a épousé, en 1878, le prince d'Œttingen ; la puînée s'est mariée il y a un an. La Princesse se déplace quelquefois chez les Pourtalès ou les Bussières, en Alsace.

VÉSINIER

Le 4 septembre 1870, une scène étrange eut lieu au Corps législatif.

Un des hommes qui, parmi les premiers, avaient envahi la Chambre, s'élança à la tribune où Jules Favre parlait et invitait les envahisseurs à se retirer, le repoussa, prit sa place et proclama la République.

Cet homme était Vésinier, ancien secrétaire d'Eugène Suë, proscrit du 2 décembre, amnistié rentré en France en 1869.

Gambetta, qui était près de Jules Favre, sauta sur Vésinier en s'écriant :

— Ce n'est ni l'heure ni le lieu de proclamer la République.

Et aidé des huissiers, des secrétaires et des sténographes, il parvint à le repousser au bas de la tribune.

Mais Vésinier ne se tint pas pour battu. Chassé par le côté cour, il fit une rentrée brillante par le côté jardin, grimpa par l'autre escalier, reprit possession de la tribune et recommença à proclamer la République. Cette fois, soutenu par les envahisseurs, il garda la position conquise et invita alors l'assistance à se rendre à l'Hôtel de Ville pour constituer un gouvernement provisoire.

Gambetta, qui se trouvait à ce moment au pied de la tribune, voyant l'unanimité avec laquelle cette motion était accueillie, éleva son chapeau en l'air :

— Puisqu'il en est ainsi, dit-il, je vais avec vous.

Et il marcha à la tête de la manifestation.

On se serait grossièrement trompé ce jour-là si l'on avait pu supposer que Vésinier, mis en possession du gouvernement de son choix, passerait désormais sa vie à bénir les dieux qui lui donnaient la République.

Proscrit de naissance, exilé en Suisse et expulsé, passé en Italie, puis en Belgique, d'où il se fit encore expulser à propos de la grève des ouvriers du bassin houiller de Charleroi, réfugié en Hollande, puis en Angleterre, un des fondateurs de l'Internationale avec Odger et Karl Marx, collaborateur et ami de M. Bradlaugh, chef des sécularistes, député de Northampton et rédacteur du *National Reformer* — il était peu vraisemblable que les hommes de la Défense nationale réaliseraient son idéal. Aussi fut-il un des premiers qui, le 31 octobre, arrêtèrent le gouvernement à l'Hôtel de Ville. Le soir, il monta à Belleville, s'empara de la mairie et fit marcher un bataillon au secours de Flourens.

Mais la combinaison ne réussit pas.

Le gouvernement eut le dessus et Vésinier, arrêté, passa, le 28 février, devant un conseil de guerre, qui le condamna à mort.

Le 18 mars le délivra. Il profita tout aussitôt de sa liberté pour s'emparer du ministère de l'intérieur, du télégraphe, de l'Élysée et de l'*Officiel*.

Excusez du peu !

Membre et secrétaire de la Commune, il s'est battu jusqu'à l'entrée des troupes et s'est échappé le 28 mai par la porte de Romainville, voyageant la nuit, se cachant le jour dans les bois.

De Strasbourg, il se réfugia en Angleterre où, pendant

six ans, on l'employa comme mécanicien aux ateliers du *Great Eastern Railway.*

M. Vésinier, qui est rentré en France depuis l'amnistie de 1880, a laissé depuis ce temps le silence se faire autour de son nom. Peut-être juge-t-il avec raison que les révoltes, les luttes, les périls et les aventures de sa vie représentent largement la somme d'agitation permise à une existence humaine, et qu'il a droit au repos ?

Il s'est réconcilié avec M. Rochefort qui l'avait baptisé *Racine de buis*, en raison du manque d'harmonie de ses lignes.

LE COLONEL STOFFEL

L'ancien attaché militaire à Berlin, celui-là même qui avait si bien et si excellemment dit, dans des rapports demeurés célèbres, les dangers que faisait courir à notre pays l'organisation supérieure des armées allemandes, le colonel baron Stoffel, enfin, est sorti de la vie publique depuis 1872, époque à laquelle il prit sa retraite. Il n'y rentra, un court instant, que pour se présenter à la députation. Porté par les conservateurs, il échoua, bien qu'ayant réuni 30,000 suffrages.

En 1870, il fit partie d'abord de l'état-major de l'armée du Rhin; placé ensuite auprès du maréchal de Mac-Mahon, il fut chargé spécialement de recueillir des renseignements sur la marche du prince royal de Prusse.

Il s'échappa de Sedan, vint à Paris et reçut le commandement du plateau d'Avron. Malgré tant de services importants, il n'obtint pas les étoiles de général de brigade.

Appelé en témoignage dans le procès Bazaine, le colonel Stoffel fut soupçonné d'avoir soustrait une dépêche (celle du 28 août) adressée au maréchal de Mac-Mahon.

Aussi publia-t-il en 1874 une brochure dans laquelle il malmena fort tous les membres du Conseil de guerre.

Depuis lors, on n'a pas entendu parler de lui.

LATOUR SAINT-YBARS

Dans le supplément du grand Dictionnaire Larousse, on lit la notice suivante :

« LATOUR-SAINT-YBARS (Isidore). — Poète et auteur drama-
« tique français. Il est mort en 1877. Il avait fait représenter
« à l'Odéon, en 1871, une pièce en vers : *l'Affranchi*, qui
« eut peu de succès. »

A l'une des réunions générales de la Société des gens de lettres, lorsque le président fit l'appel et prononça le nom de Latour Saint-Ybars, une voix dans l'assemblée s'écria :

— Mort !

Et, tout aussitôt, une voix répondit :

— Présent !

C'est la dernière qui était dans la vérité et avait toutes les raisons, d'ailleurs, pour le savoir, car c'était celle de M. Latour Saint-Ybars lui-même, un vieillard très alerte et de bonne mine, malgré ses soixante-dix-huit ans.

M. Latour, né en 1809 à Saint-Ybars (Ariège), membre de la Société des gens de lettres depuis 1868, auteur de poésies, d'œuvres dramatiques, de nouvelles et de romans, est chevalier de la Légion d'honneur.

Ce mort récalcitrant, ce galant homme très vivant, peut être vu, à peu près tous les jours, prenant tranquillement et philosophiquement sa demi-tasse au café de La Rochefoucauld, — tout près de chez lui, car il habite la rue Notre-Dame-de-Lorette; — lisant son journal, n'admettant en aucune façon qu'il fasse partie du royaume des Ombres depuis 1877.

ISMAEL

Le créateur de *Rigoletto* est retiré aujourd'hui à Marseille dans une jolie villa au Roucas-Blanc, baptisée *villa Ismaël*.

Son histoire est une sorte de *roman comique* bien intéressant.

Tout enfant, il faisait partie de la société philharmonique d'Agen. Il y chantait les *haute-contre!*

A quinze ans, un jour que son père lui avait administré une de ces volées qui font époque sur les chairs et les os d'un enfant, il prit la poudre d'escampette, ayant pour toute fortune 17 sous que sa mère avait tirés à son intention d'un long bas de laine.

Ignorant comme une carpe, ne sachant même ni lire, ni écrire, et n'ayant jamais appris aucun métier, il fit son tour de France, à pied, chantant dans les cafés et les auberges des refrains populaires de son pays, un petit tapis et une soucoupe à ses pieds. Et les sous d'y pleuvoir, si bien qu'en arrivant à Paris, Ismaël était possesseur de l'énorme somme de 677 francs.

Là, il se mit à piocher, en même temps que la musique, la lecture, l'écriture, le calcul.

* * *

Il court la province, faisant tout ce qui concerne, non seulement son état de chanteur, mais encore celui des amoureux, des capitaines et des traîtres de mélodrames, dans ces troupes chimériques qui jouent le même soir *Robert le Diable* et *le Manoir de Montlouvier*.

Ses appointements sont de 50 francs par mois qu'il touche quelquefois, et signe des traités imprimés où un article dit qu'EN CAS DE GROSSESSE, l'engagement est résilié de plein droit.

Peu à peu, il gagne les grands théâtres : à Bordeaux, où, à son premier début, aussitôt après l'avoir entendu chanter l'andante du premier acte de *Lucie*, le public demande la suppression de ses débuts ; à Lyon, Bruxelles, Rouen, à Marseille où il est resté dix ans, fait unique dans les annales du théâtre de ce pays.

*_**

Enfin, une fois à Paris, il n'y éprouva jamais un échec. Il a fait près de 40 créations au Lyrique, à l'Opéra-Comique ou à la Renaissance.

Mais personne n'oubliera sa création de *Rigoletto*.

Quand arriva ce succès, la première pensée de ce brave cœur fut d'y associer son père et sa mère. Il ne gardait pas rancune de la raclée d'Agen.

Il y eut de bien drôles de *gaffes* et des ébahissements comiques de ces bonnes gens, transportés tout à coup de leur milieu primitif dans ce monde de bruit, de lumière, de clinquant et de faux bijoux, dans ce carnaval enfin qui est le théâtre.

A Bordeaux, Ismaël chantait le *Barbier*; son père était dans la loge où il s'habillait en compagnie du maître de ballet. On sait que les maîtres de ballets dirigent, de la coulisse, les mouvements des danseuses et *indiquent* avec un gros bâton d'environ deux mètres de long.

Ce bâton était placé contre la toilette d'Ismaël.

Soudain, le régisseur accourt :

— A vous, monsieur Ismaël.

Figaro sort précipitamment de sa loge et descend sur le théâtre, lorsque le père, s'apercevant que le bâton est resté dans la loge, s'élance sur les pas de son fils, et, au moment où il va entrer en scène, le saisit par le bras et lui remet le bâton en s'écriant :

— *Malhurus!* tu oublies ton balancier!

Une autre anecdote pendant que nous y sommes.

Une fois qu'il jouait *Charles VI* à Bordeaux, avec la grande Alboni, il avait placé sa mère dans une loge.

Au 4ᵉ acte, il chantait deux couplets que d'habitude on bissait, mais que, ce soir-là, le public transporté lui fit redire trois fois, et qui, à chaque reprise, soulevèrent une tempête d'applaudissements.

La bonne femme n'en pouvant plus d'émotion, dans un bel élan d'orgueil maternel, se pencha hors de sa loge, et s'adressant au public, s'écria en patois :

— *Es moun pitchiou aqual bérés!* (C'est mon fils, celui-là, voyez-vous!) Inutile de dire le succès de cette touchante apostrophe.

Ismaël, professeur de déclamation lyrique au Conservatoire, a vu sa carrière arrêtée par une mesure brutale du ministre des Beaux-Arts, suscitée vraisemblablement par quelque louche intrigue de boutique.

De quoi l'a-t-on accusé? Personne ne l'a su; lui, moins qu'un autre : car, malgré ses légitimes réclamations, il n'a jamais été entendu.

Ce n'est pas encore cette révocation mystérieuse qui nous empêchera de tenir cet artiste supérieur pour un galant homme incapable des vilenies que peut faire supposer une telle mesure de rigueur inexpliquée. Cela n'empêche pas non plus Ismaël d'avoir d'excellentes et très hautes relations à Marseille, en même temps qu'un grand nombre d'élèves.

On a voulu le nommer professeur et inspecteur au Conservatoire de cette ville. Vous comprenez l'enthousiasme avec lequel il a refusé. Il sort d'en prendre.

HARMANT

Le plus ancien des directeurs de théâtre. S'est toujours distingué par la persistance de la réussite et par une lentille considérable qui s'arrondit en un monticule sur son appendice nasal et lui interdit absolument d'espérer jamais garder l'incognito.

Les ruines se sont amoncelées autour de lui, mais l'habile homme rayonnant et sérieux n'a pas été atteint une seule fois par les effondrements et, avec une inaltérable placidité, a pu passer par-dessus les décombres. Aucun des intérêts qu'il a eu à défendre n'a périclité entre ses mains. Il a eu la Gaîté, le Vaudeville et le Châtelet.

Il a réussi personnellement au premier de ces théâtres et a passé la main en temps opportun. Comme gérant de la Société nantaise, — devenue plus tard la Société parisienne, — il a vendu avantageusement le Vaudeville au raffineur Lebaudy.

Quant au Châtelet qu'il louait, les déconfitures y ont été à l'état chronique ; la symphonie de la faillite s'y jouait en permanence; le malheureux théâtre a enrichi la corporation des syndics ; les directeurs qui tentaient l'aventure dans cette maison maudite des Nantais, piquaient tous — comme on dit dans le grand monde — une tête dans la limonade ; ils étaient, eux, véritablement les *Nantes in gurgite vasto*.

Hostein, Roqueplan, Lacressonnière et Deshayes, Fischer y ont sombré.

M. Émile Rochard seul, grâce à beaucoup de hardiesse, de goût, d'activité et d'intelligence, a conjuré le mauvais sort et fait fortune. Mais, avant lui, à peine un imprudent avait-il pris possession du cabinet directorial, qu'un syndic s'installait à sa porte, attendant le dénouement inéluctable, comme l'Anglais qui suivait le dompteur Carter pour le voir dévorer par ses fauves.

Jamais, au grand jamais, la Société n'y perdait un sou : l'acquéreur d'aujourd'hui payant la faillite d'hier et la première condition des traités étant que, sur la recette quotidienne, il serait prélevé avant tout la quotité journalière du prix de vente et une somme convenue d'amortissement des anciennes dettes ; et cela passait de main en main, du naufragé de la veille au téméraire du lendemain, et la Société planait ainsi, dans une douce sérénité, au-dessus de ces écroulements.

Grâce à cette intelligente administration qui ne s'égara jamais dans les faiblesses d'une vaine sentimentalité, M. Harmant a pu, sur ses économies, beaucoup plus considérables que celles de Georges Brown, acquérir à Passy, chaussée de la Muette, une villa qui vaut bien le château d'Avenel, et où il mène la vie douce que procurent la fortune unie à une conscience pure et la satisfaction du labeur acharné courageusement accompli.

TOUSSENEL

Un journal citait dernièrement les noms des écrivains dignes de faire partie de l'Académie, auxquels l'Académie ne songe pas, et qui n'y songent pas eux-mêmes. Parmi ces noms, nous avons lu celui de Toussenel et nous pensions qu'en effet, — révérence gardée — l'éloquent historien des bêtes ne ferait pas mauvaise figure dans la célèbre Compagnie.

Mais Toussenel a toujours professé une sainte horreur pour les Académies; il les a raillées avec amour et son opinion n'a jamais changé.

Il racontait lui-même, avec la verve qui est le caractère de son talent, que l'école buissonnière eut plus de charme pour lui que celle où l'envoyaient ses parents et qu'il garda toujours rancune au collège des heures enlevées à sa vie en plein air.

Jusqu'à l'âge de trente ans, il reste aux champs, occupé d'exploitations agricoles. Mais, en 1833, séduit par les théories ingénieuses de Fourrier, il vient à Paris et se mêle, dès cette époque, à la presse doctrinaire. Il fut un des plus ardents défenseurs de la loi sur l'instruction primaire de 1833, devint rédacteur en chef de la *Paix* en 1837, et reçut la décoration en 1839.

Deux ans après, appelé en Algérie par le maréchal Bugeaud qui voulait imprimer à notre colonie un mouvement prononcé vers les entreprises agricoles, il fut nommé commissaire civil à Bouffarik.

Des discussions avec l'autorité militaire lui firent donner sa démission.

De retour en France, il fonda avec plusieurs de ses amis la *Démocratie pacifique*, fit partie, après la révolution de Février, de la commission du Luxembourg et rédigea ensuite, avec F. Vidal, le *Travail affranchi*.

Là s'arrête la vie publique de Toussenel.

Il ne tarda pas à se retirer complètement du mouvement politique et se renferma dans ses études d'histoire naturelle qui sont son véritable titre de gloire.

La *Zoologie passionnelle*, le *Monde des oiseaux* contiennent des pages délicieuses, écrites avec un esprit et une originalité incomparables.

On se tromperait beaucoup si l'on ne voyait dans Toussenel qu'un peintre fantaisiste de la vie des animaux. Il est un historien véridique et nul n'a observé la nature de plus près.

Il a redressé bien des erreurs éloquentes de Buffon que ses manchettes de dentelles et son épée en verrouil gênaient énormément pour aller surprendre ses modèles au sein de la nature.

Toussenel, au contraire, le fusil sur l'épaule, la guêtre au mollet, a passé sa vie à battre les champs et les bois en quête d'observations.

Pendant longtemps, il a habité près du Luxembourg. Il prenait alors ses repas dans un restaurant aujourd'hui disparu, resté célèbre dans le monde des lettres, le restaurant Laveur. Le père Laveur a sa légende que d'autres ont racontée.

Là, il avait pour commensaux Champfleury et Jules Vallès

et soutenait presque chaque soir contre ce dernier d'interminables discussions sur l'esthétique et la morale.

Toussenel déiste, épris d'art et de poésie, aimait à exercer son esprit tranchant contre l'auteur des *Réfractaires*, matérialiste et jacobin, qui voulait supprimer l'*Iliade* et briser les marbres de Phidias.

Dans ces joutes où les paradoxes s'entassaient, Vallès, toujours acerbe et aigri, exposait ses idées avec âpreté.

Toussenel l'écoutait, puis, lorsque son adversaire avait terminé quelque tirade violente, il élevait son verre avec calme et s'écriait :

— Vallès, je bois aux dieux de la Grèce!

Il y a quelques années, l'octogénaire s'était retiré tout à l'extrémité d'un quartier excentrique de Paris. Il habitait à Plaisance, tout près des fortifications, une maisonnette avec un jardinet. Il vivait là en philosophe, seul, avec l'illusion de cette campagne qu'il avait tant aimée, attendant la mort et les yeux fixés sur l'avenir.

SOPHIE CRUVELLI

L'éminente artiste dont les dilettanti conservent un souvenir si vivace, débuta dans la carrière italienne, en 1848, au théâtre de la Fenice, à Venise.

Elle avait dix-neuf ans.

Après de grands succès à Londres dans *Norma, la Fille du régiment, la Somnambula, Fidelio Nabuco* où elle eut pour partenaires Lablache, la Sontag et Jenny Lind, Sophie Cruvelli vint à Paris. Elle chanta, à l'Opéra, de façon à y laisser une trace ineffaçable de son passage, *les Huguenots* et *les Vêpres Siciliennes* que Verdi écrivit spécialement pour elle.

A la suite de cette brillante création en 1848, elle se maria et devint la baronne — puis la vicomtesse — Vigier.

C'est alors qu'elle vint habiter Nice, maison Avigdor, place Victor, qui fut plus tard la place Napoléon, aujourd'hui place Garibaldi.

De là, elle se transporta au vieux Lazaret, actuellement boulevard de l'Impératrice-de-Russie, où le baron Vigier avait fait construire, sur un terrain appartenant à la famille de Garibaldi, une villa conçue dans le style des palais vénitiens.

Dès son arrivée, la nouvelle baronne voulut acquérir ses droits de cité et mit son grand talent, alors dans tout son épanouissement, au service de la charité. Elle est la première artiste qui ait chanté à Nice pour les pauvres. Inutile d'ajouter que cette soirée de gala à laquelle assistèrent les plus éminents personnages de la cour de Russie, et des représentants de la plus haute aristocratie d'Europe, fut pour elle un triomphe.

Les chœurs, pour ces fêtes de bienfaisance, étaient recrutés parmi les jeunes gens appartenant à la société mondaine de la ville et de la colonie étrangère.

De 1858 à 1881, c'est-à-dire pendant vingt-trois ans, Sophie Cruvelli n'a pas cessé une seule année de prêter le concours de son talent au profit de l'œuvre des malheureux.

On a fait, par soirée, au cercle de la Méditerranée, jusqu'à 35,000 francs de recette.

Et, chaque année, la grande dame, redevenue cantatrice, reçut les ovations du public le plus aristocratique, le plus délicat et le plus cultivé du monde. Les bouquets qui lui étaient offerts, en ces occasions, restent légendaires en raison de leurs dimensions. Des couronnes de violettes et des paniers de fleurs atteignaient de telles proportions qu'il ne fallait pas moins de deux ou trois personnes pour porter chacun d'eux.

En même temps que les bouquets, paraissaient sur la scène une délégation du conseil municipal, du bureau de bienfaisance et tout le comité du cercle de la Méditerranée. Généralement, c'était un adjoint au maire qui prenait la parole et ses discours, pleins d'enthousiasme et de reconnaissance, étaient accompagnés des bravos les plus chaleureux.

La vicomtesse Vigier est devenue veuve en 1883.

Depuis, elle s'est consacrée exclusivement à la composition. Wagner est son Dieu. On n'est pas parfait.

Tous les hivers, elle vient passer un ou deux mois à Nice

où ses œuvres obtiennent dans les salons un très légitime succès.

Sophie Cruvelli ne chante plus; mais, Dieu merci, si l'on a cessé de l'entendre, elle ne sera pas oubliée pour cela; son nom est inscrit au livre d'or des grands chanteurs de l'opéra du bon temps, et les pauvres garderont un souvenir attendri et reconnaissant à la grande dame qui a consacré son talent au soulagement de leurs misères et fait tomber plus de trois cent mille francs dans les caisses du bureau de bienfaisance.

CHASSEPOT

L'inventeur du fusil terriblement meurtrier qui porte son nom est aujourd'hui hôtelier à Nice. Un plaisantin sans vergogne ne manquerait pas de dire qu'en choisissant cet état, il n'a fait qu'obéir à une irrésistible vocation de tueur d'hommes, et qu'ayant cessé d'envoyer par le plomb des milliers de victimes aux Ombres, il continuait avec le poison son métier de pourvoyeur de la mort. Ce serait là une joyeuseté par trop facile et d'un goût douteux, parfaitement injuste, du reste, car l'*Hôtel des îles Britanniques* qu'il tient depuis trois ans est renommé dans le monde des touristes élégants pour son confort et sa cuisine.

On sait que M. Chassepot était un simple ouvrier armurier dans les manufactures de l'État.

C'est à Saint-Thomas-d'Aquin qu'il étudia spécialement le fusil à aiguille prussien, y apporta des perfectionnements importants et arriva enfin à constituer l'arme excellente qui fut adoptée en 1866. Depuis, le fusil Chassepot a reçu un nouveau baptême et a pris le nom de M. Gras, qui l'a encore amélioré, et Chassepot n'est plus qu'un souvenir. Il en va ainsi dans ce monde. Gras, à son tour, a été détrôné par le fusil à répétition, ainsi nommé sans doute parce qu'il sonne l'heure de la mort. Le fusil à répétition aura un successeur, lui aussi.

Pourquoi M. Chassepot a-t-il pris sa retraite, alors que, dans la verdeur de l'âge, il pouvait encore rendre des services à l'État? Ce sont là secrets de bureaux. Peut-être a-t-il eu l'occasion d'éprouver qu'il y avait moins loin de la coupe aux lèvres, que des promesses de l'administration à leur réalisation?

Mais son hôtel lui rapporte de gros bénéfices, et les satisfactions de la fortune ont de quoi le consoler des désillusions et des espoirs avortés si communs aux inventeurs.

Il a, du reste, les qualités d'ordre, d'administration et de stricte économie avec lesquelles on amasse les gros héritages pour les appétits goulus de ses enfants.

Et pourtant, il cherche à vendre hôtel, clientèle et mobilier, sentant bien qu'il n'est pas de la partie et que l'on ne s'improvise pas plus hôtelier que rôtisseur.

Toujours élégamment mis, il a des allures de gentleman soldat; il est officier de la Légion d'honneur. Malgré le grand confort de sa vie et la parfaite béatitude dont il jouit dans la merveilleuse Arcadie où il s'est retiré, il regrette la vie d'autrefois et ses hautes relations, alors qu'il tenait une si grande place dans les préoccupations de la défense du pays.

Un refrain d'opérette nous reste qui, à cette époque déjà, faisait pressentir que la gloire du chassepot ne serait pas éternelle :

> Nous avons un fusil
> Se chargeant par la culasse;
> Au dehors, c'est gentil,
> Mais au-dedans, ça s'encrasse...

FRANCINE CELLIER

Propriétaire dans le département de Seine-et-Oise, à Versailles, d'une villa charmante dans la rue de Glany ; occupe à Paris, pendant l'hiver, un fort bel immeuble.

Ce qui prouve bien, quoi qu'en pensent certains esprits superficiels, que le théâtre est une carrière plus lucrative que la banque et le notariat.

Des folliculaires envieux, au temps de sa jeunesse, n'avaient pas craint de la surnommer : *l'ange de l'expropriation*. Ils prétendaient qu'avertie par des voix d'en haut, comme Jeanne d'Arc, elle ne louait, avec de longs baux, que dans des maisons secrètement vouées à la pioche des démolisseurs.

Elle y répondit, de la bonne encre, en donnant l'adresse de tous les appartements qu'elle avait occupés et qui restaient debout en dehors des percées du Paris nouveau.

Devant de tels témoignages, le *Nain Jaune* fut alors obligé de convenir qu'il avait été induit en erreur, et que la fortune de la jolie comédienne n'était le résultat que d'une sage et savante administration de ses finances que l'on pourrait donner comme modèle aux commissions du budget.

A cette époque, c'était une adorable jeune femme et le vers fameux lui était, de tous points, applicable :

Elle est charmante, elle est charmante, elle est charmante !

Sa jolie tête était couronnée d'une admirable chevelure dorée ; elle était fine, intelligente et bonne musicienne.

Elle suivait au Conservatoire la classe de Marmontel.

Les affinités musicales, fécondes en rapprochements, amenèrent auprès d'elle un haut fonctionnaire de l'Empire, homme de grande valeur, bon, sympathique, très épris d'art, auquel Paris devrait tresser des couronnes, et dont elle ne tarda pas à avoir l'oreille, comme il était facile de le préjuger, étant donnée cette absolue similitude de goûts.

Affaire d'harmonie, simple échange de notes et d'accords.

Elle a, du reste, vécu sans reproches, en femme honnête, sous ce protectorat, et en est récompensée par la constance d'un souvenir affectueux qui conduit encore aujourd'hui, après tant d'années écoulées, le dilettante chez sa gentille *hôtesse de Versailles*, ainsi qu'il l'appelle.

Mlle Francine Cellier, abandonnant la musique et la danse pour la comédie, entra au Vaudeville en 1861 et débuta dans *la Frileuse*, de Scribe (jouée sous le nom de Dubersey); elle fit ensuite des créations importantes dans *les Brebis galeuses, Aux Crochets d'un Gendre,* de Barrière, et reprit le rôle de Mme Pommeau dans *les Lionnes pauvres.*

Elle gagnait 200 francs par mois à ses débuts et 1,000 quand elle quitta le théâtre en 1870.

Prodiges de l'épargne et mystères de la capitalisation!

Elle est propriétaire importante dans un département, grâce à la gestion intelligente d'un revenu aussi modique !...

Il nous semble que c'est hier que Mlle Cellier nous apparaissait en scène comme une éclatante personnification de la jeunesse.

Mlle Francine Cellier est grand'mère !... qui l'eût cru ?

Francine Cellier une aïeule ! Eh ! mon Dieu, oui. Et elle ne le regrette pas, car ellé a fait de sa fille une femme charmante, distinguée, musicienne de talent, qui a épousé un très honorable gentleman, capitaine dans le régiment où était officier, hier encore, l'aimable et très aimé prince Roland Bonaparte.

PUJOL

Tellement disparu que M. Alexandre Dumas fils, à qui nous demandions ce qu'il était devenu, nous écrivait ceci :

« Je l'ignore absolument, je l'ai cherché pour lui remettre
« un exemplaire de l'édition de mon théâtre, appelée *Édition*
« *des comédiens* et, malgré tous mes efforts, il m'a été im-
« possible de le retrouver. »

. . . .

Nous avons fini par découvrir sa retraite.

Pujol habite le plus souvent Marseille. Il y a hérité d'une jolie fortune que lui a laissée un oncle, petit armateur très économe. C'est à Marseille, du reste, qu'il débuta avec assez de succès pour que M. Bellevault, alors directeur du théâtre du Gymnase de cette ville, l'engageât et lui fit jouer Buridan et tous les rôles du répertoire de drame et de comédie.

Détail inconnu ou tout au moins bien oublié : il créa *les Mystères de Marseille*, drame en cinq actes et un prologue de M. Émile Zola. Cette pièce, écrite en collaboration avec M. Marius Roux, est la première que fit représenter l'auteur de l'*Assommoir*. Elle fut jouée *deux fois*.

Il vint à Paris, fut engagé au grand Théâtre Parisien de la rue de Lyon et eut un rôle dans *les Gardes forestiers*, d'Alexandre Dumas père.

Les dames ont gardé la mémoire du beau Pujol, au Gymnase de M. Montigny, où il a, du reste, laissé de bons souvenirs de talent et d'honorabilité.

M. Alexandre Dumas fils, — à propos de *Monsieur Alphonse*, — lui a consacré ces quelques lignes :

« Pujol était absolument l'incarnation de son rôle. La
« grande distinction, la franchise et la loyauté de sa nature;
« la correction de sa tenue et cette certaine raideur qu'on
« lui reprochait quelquefois, ne faisaient plus, de l'homme et
« de Montaiglin, qu'une seule et même personne, fière,
« éprouvée, touchante, et, comme il le fallait, un peu au-
« dessus de la nature humaine. »

Du Gymnase, Pujol passa à l'Odéon où il retrouva son ancien directeur de Marseille, M. Bellevault, qui était régisseur général.

On le vit dans *Conrad ou la Mort civile*, traduction de M. Vitu, dans *Samuel Brohl*, dans *les Noces d'Attila*, et, en dernier lieu, dans *Voltaire chez Houdon*.

Il joue maintenant, avec un grand succès, les rentiers à Marseille, comme nous l'avons dit, et il s'en applaudit tous les jours lui-même, ce qui le dispense de subventionner la claque.

BERGERON

Ceux qui assistaient au grand festival de Berlioz, à l'Opéra, le dimanche 1ᵉʳ novembre 1840, — s'il reste encore des survivants de ces temps reculés, — se souviendront sans doute d'un incident qui produisit une grande émotion durant cette soirée et remplit la chronique parisienne pendant au moins une semaine. Presque à la fin de la troisième partie du concert, un homme venait de se faire ouvrir la loge occupée par M. et Mᵐᵉ Émile de Girardin et M. Lautour Mezerai, et là, publiquement, brusquement, avait frappé au visage le grand publiciste.

Cet homme était M. Bergeron qui, quelque temps auparavant, avait été accusé — mais ne fut pas convaincu — d'avoir tiré sur le roi, alors que Louis-Philippe passait sur le pont Royal pour se rendre aux Chambres. Il n'y eut qu'un témoignage, celui d'une jeune provinciale, fille d'un maître de poste, qui prétendait avoir fait dévier l'arme, par un mouvement instinctif.

M. Bergeron fut acquitté.

Il donnait des articles au *Siècle*. Dans l'ardeur d'une polémique, M. de Girardin s'était exprimé à son égard de la façon suivante :

« Cet attentat nous désespère et nous humilie sans nous
« surprendre ; comment n'en serait-il pas en effet ainsi lors-

« que tous les matins le Roi est désigné aux fureurs des
« foules, non seulement par les journaux qui cherchent à
« détruire le gouvernement que 1830 a fondé, mais encore
« par ceux qui le soutiennent? Comment n'en serait-il pas
« ainsi quand on voit le *Siècle* défendre M. Thiers et compter
« Bergeron au nombre de ses rédacteurs. »

Bergeron envoya aussitôt à M. de Girardin MM. Félix Pyat et Boulé qui furent éconduits.

C'est alors qu'il se vengea en infligeant ce sanglant outrage à l'homme qui ne croyait pas devoir lui accorder l'honneur d'une réparation, et, logique avec lui-même, malgré la violence de l'injure, le déféra aux tribunaux.

Bergeron fut moins heureux en cette affaire qu'en la première. Dans celle-ci, il est vrai, la preuve ne manquait pas. Il fut condamné d'abord à deux ans, puis, le ministère public en ayant appelé *a minima*, la peine fut portée à trois années.

Ce fut lui qui présenta sa défense.

— Je suis un homme poli et doux comme un autre, dit-il au président. J'ai empêché plus de trente duels d'avoir lieu.

Tour à tour répétiteur, feuilletoniste sous le pseudonyme d'Émile Pagès, commissaire de la République dans l'Aisne, M. Bergeron n'a pas dédaigné d'écrire des couplets de facture dans quelques pièces, après avoir commencé par faire du drame dans la vie.

Il a aujourd'hui soixante-dix-neuf ans, et fait toujours partie de la Compagnie d'assurances *la New-York*.

On garde encore le souvenir de sa célébrité d'autrefois.

Le pseudo-régicide, reconnu non coupable par le jury, a toujours été suivi de la renommée tapageuse que lui avait value ce crime politique très contesté.

Et comme, dernièrement, nous l'apercevions, un de nos amis s'écria :

— Bergeron? Ah! oui, celui qui a tiré sur Louis-Philippe!...

LE COLONEL MERLIN

L'ex-président du 3ᵉ conseil de guerre, à qui incomba, en 1871, la délicate et pénible mission de conduire les débats des causes les plus dramatiques de la Commune, a été retraité simple colonel, alors que ses services et son mérite incontesté le désignaient pour le généralat.

Il s'est consolé vite des déboires de la vie militaire, grâce à sa robuste philosophie.

Sa conscience sans reproches lui a donné la seule récompense enviable d'une vie utile toute employée au service de la patrie.

Il est aujourd'hui à la tête de forges considérables en Lorraine, et il y passe quelques semaines chaque été, avant d'aller faire sa saison annuelle en Suisse.

Il vit le reste du temps à Paris, fort épris des choses de l'art. Collectionneur érudit et d'un goût sûr, il possède une remarquable galerie de tableaux dans son appartement du boulevard Haussmann.

Dans ce milieu de chefs-d'œuvre, son esprit s'élève et se dégage sans peine des mesquineries et des écœurements des carrières officielles.

Pourquoi n'a-t-il pas été nommé général? L'envie, la jalousie, l'intrigue s'étaient peut-être liguées pour barrer la route à la justice boiteuse.

Il est fils du général comte Merlin de Thionville et descendant de cette famille illustre qui laissa de son sang sur tous les champs de bataille de la Révolution et de l'Empire. Il fut aide de camp du maréchal Randon, qui l'appréciait fort, puis attaché militaire à Vienne. Parlant et écrivant l'allemand comme un lettré de Munich ou d'Iéna, connaissant à fond toutes les choses de l'Allemagne, il envoya une étude remarquable sur la reconstitution de l'armée autrichienne.

Il revint en France à l'avènement du maréchal Niel au ministère.

Pendant la guerre, il commandait à Metz le fort Queuleu, dont le feu, de l'aveu même des Prussiens, causa les plus grands ravages dans les rangs ennemis.

Rentré de captivité, il prit le commandement du 1er régiment du génie qu'il ramena à Versailles, en même temps que s'y installait l'Assemblée.

Après la Commune, il fut nommé président du 3e conseil de guerre et, ainsi que nous l'avons dit, eut à juger les grosses têtes de l'insurrection. Une seule tomba, celle de Ferré, pour crime de droit commun. Les autres accusés, convaincus de crimes politiques seulement, étaient garantis par la loi de 1848 qui avait supprimé la peine de mort en matière politique.

C'est devant le 3e conseil de guerre que comparut Rochefort. M. Thiers ne pardonnait pas au pamphlétaire la part qu'il avait eue dans la démolition de son hôtel; on lui rendit ses dieux lares tellement revus, agrandis et embellis, qu'il eût pu vouer plus tard, en toute raison, de la reconnaissance aux démolisseurs; mais, au moment du procès, il était fort exaspéré, et l'on prétendit qu'il insista fort pour une répression exemplaire; on disait même que la loi de 1848 ne lui parut pas alors l'idéal de la justice.

Ces racontars malveillants sont controuvés; M. Thiers n'avait pas à intervenir dans l'action de la justice; le colonel Merlin, du reste, ne l'eût pas permis.

Rossel fut aussi jugé par ce conseil; mais il y eut un vice de forme qui fit renvoyer l'affaire, et ce fut le 7ᵉ conseil, présidé par le colonel de Boisdenemetz, qui le condamna à mort.

Le colonel Merlin conduisit ces débats avec une impartialité et une correction auxquelles les accusés eux-mêmes rendirent hommage. Je le vois encore, dans cette salle de manège transformée en prétoire, avec sa physionomie sympathique, l'œil vif, la lèvre fine, la tête à l'expression attristée, penchée sur l'épaule, interrogeant avec douceur ces vaincus.

Qui sait si, dans ces jours d'impitoyables revanches après les sanglantes folies de la Commune, on ne lui fit pas un crime de cette modération?

Rien, d'ailleurs, ne l'en fit sortir : les lettres de menaces de mort pleuvaient chez lui; l'Internationale inscrivait sur ses listes de proscription son nom et celui de tous les membres de sa famille. Jamais il n'en montra la moindre émotion et ne modifia sa manière d'être. Il faisait son devoir, peu lui importait le reste.

Et, malgré tout cela, il n'a pas eu le bras assez long pour décrocher les étoiles.

Il signe aujourd'hui : MERLIN, *maître de forges.*

MADEMOISELLE DUVERGER

En ce temps-là — je parle de longtemps, comme dit Lisette — c'était sous l'Empire ; à toutes les premières, inévitablement, on voyait, dans une baignoire d'avant-scène, s'étaler une femme pompeusement parée comme Jézabel et, comme elle, ayant encore cet éclat emprunté dont elle eut soin de peindre et d'orner son visage, pour réparer l'outrage des ans, l'outrage irréparable, à ce que prétendent Racine et nombre de gens d'expérience.

Ce qu'il y avait de particulier en elle, c'est qu'elle ruisselait, aux lumières, de rayons et d'étincelles ; elle éblouissait, elle aveuglait, elle hypnotisait, car elle étalait sur toute sa personne plus de diamants que n'en exhibent les vitrines réunies de Fontana et de Boucheron.

Dans la pénombre de sa baignoire, on apercevait un vieillard horriblement fatigué qui était l'opulent seigneur et maître de cette reine de Golconde, et dont M. Barbey d'Aurevilly, le très éminent écrivain et le railleur implacable, disait « qu'il l'accompagnait partout ainsi qu'un dragon monstrueux, un dragon de pot chinois, la gardait avec une langue tirée comme un glaive qu'on ne rentre jamais au fourreau. »

Cette dame — déjà âgée à cette époque, car en novembre 1868, elle était l'objet d'une étude dans une série portant le titre de : *les Vieilles Actrices,* que publiait *la Veil-*

leuse, journal satirique dont il est à peu près impossible de retrouver un exemplaire aujourd'hui, — cette dame, disons-nous, était Mlle Duverger.

Nous n'affirmerons pas que ce fût une étoile autrement que par le scintillement de ses diamants; cependant, à cette époque, elle tenait son rang dans le *tout Paris;* elle a subi l'éclipse inévitable; aussi a-t-elle sa place dans nos *Disparus*. Elle a bien, d'une façon un peu vague, appartenu à l'art ; elle a quelquefois aspiré à tutoyer Thalie qui, du reste, n'a pas répondu à ses avances.

Ses bijoux lui servirent pourtant de passeport dans plusieurs théâtres, où l'on recherche les élégances pour l'acte du bal; c'était une première invitée tout à fait réussie; que de jeunes filles ambitieuses ces diamants ont arrachées à la couture ou au cordon, et détournées du chemin de la vertu — le monde dût-il leur jeter la pierre — pour suivre une carrière où, du moins, les pierres que l'on vous jette sont des cailloux de cette valeur!...

Elle fut pensionnaire des Variétés sous le règne antique d'un Pharaon surnommé Thibaudeau, un dandy quelque peu ridicule, qu'on appelait *le consulaire*, que l'on blaguait beaucoup et que l'on chansonnait très gaiement:

> Il avait des bottes vernies
> Avec un pantalon collant...

Nous croyons bien que ce fut en 1845 que Mlle Duverger joua sa première pièce : *le Poisson d'avril*, de Léon Laya. Puis, dans la même année, *Une femme laide*, de Jules de Prémaray.

A cette époque, nous dit-on, elle fréquentait beaucoup chez Alexandre Dumas, le père, à Monte-Cristo. Elle s'y rencontraît avec la belle Mlle Lieven. Elles étaient fort belles, alors toutes les deux, et faisaient sensation à Saint-Germain.

Plus tard, le Vaudeville ne suffit pas à Mlle Duverger. Elle eut des ambitions de drame. Des ailes, des ailes!...

Elle joua *la Dame aux camélias*. Son camarade et contemporain Laferrière lui donnait la réplique. Cette tentative lui attira une volée de bois vert de M. Barbey d'Aurevilly, qui n'était pas tendre comme la rosée avec elle :

« Elle est montée du vaudeville au drame, dit-il, et elle a
« pris ses rôles à Mme Doche (à Mme Doche, bon Dieu!); mais
« elle ne lui a pris que cela! Elle ne lui a pris ni son ta-
« lent, ni sa tournure, ni rien de ce qui fait de Mme Doche,
« comme de Déjazet, non pas une vieille actrice, mais une
« jeune actrice éternelle. »

La dame était vindicative; cet article fut cause d'une incartade qui fit à cette époque quelque tapage.

Cela se passait en avril 1869, au théâtre de la Gaîté où l'on donnait une reprise des *Chiffonniers de Paris*.

Mlle Duverger occupait, comme d'habitude, le devant de sa baignoire au fond de laquelle somnolait son riche seigneur.

M. Barbey d'Aurevilly, qui faisait alors la critique théâtrale au *Nain Jaune*, avait, à l'orchestre, un fauteuil dans son voisinage. Pendant un entr'acte, il passait l'inspection de la salle, et, ayant parcouru l'hémicycle des loges et des baignoires, arrêta son regard sur celle occupée par Mlle Duverger.

— Monsieur d'Aurevilly, s'exclama celle-ci dans un paroxysme de fureur, je vous défends de me lorgner. Cessez, ou je vous casse mon éventail sur... la tête.

Ce à quoi le mordant critique répondit :

— On se croirait au lavoir...

Il s'ensuivit un échange de lettres violentes qu'il est inutile de rappeler ici; on les retrouverait dans les journaux de cette époque, car l'aventure défraya la chronique pendant une huitaine de jours.

Mlle Duverger a depuis longtemps quitté le théâtre et le monde. Elle a réalisé, dit-on, ses merveilleux écrins. Ses représentations avec Laferrière, si elles ne donnèrent pas un nouvel éclat à *la Dame aux camélias*, eurent, du moins, cet avantage de nouer entre Marguerite Gautier et Armand Duval des relations industrielles tout à fait sérieuses pour l'exploitation d'un produit dont il n'est plus permis de suspecter l'efficacité.

Mlle Duverger, en effet, s'associa avec son camarade pour la fabrication de l'*Eau de jeunesse* dont cet artiste s'occupait dans les dernières années de sa vie.

Elle habite l'été Montmorency, où elle possède une belle propriété dans laquelle elle se renferme et se calfeutre comme en une forteresse, voulant sans doute dérober aux regards profanes les mystères de l'*Eau de jeunesse*, et, sans témoins, combiner les produits chimiques, triturer les herbes et, surtout, tirer parti des simples.

M. FERDINAND DUVAL

Paris et Bordeaux ont gardé le souvenir de cet homme aimable, affable et bienveillant qui fut leur préfet; les dames se souviennent des belles fêtes qu'il leur donna, et en parlent encore avec admiration et regret.

Ce parfait gentleman, homme de l'esprit le plus fin et le plus parisien, pourra être présenté comme un phénomène aux générations futures qui étudieront l'histoire de ce dernier quart de siècle :

IL N'EUT PAS DE DÉMÊLÉS AVEC SON CONSEIL MUNICIPAL!!

Combien, au Pavillon de Flore, ne pourraient pas en dire autant !

M. Ferdinand Duval, qui fut, on le sait, secrétaire de M. Dufaure, ami de M. Thiers qui trouva en lui son plus habile agent électoral, préfet de la Gironde et de la Seine, a aussi des titres patriotiques à l'estime publique.

Attaché à l'état-major de la garde nationale, il a été décoré pour sa belle conduite pendant la guerre.

Aujourd'hui, il est un des administrateurs du Saragosse des Rothschild, membre du cercle des chemins de fer, vit tranquille et sans ambition, a toujours de l'esprit et fait des mots.

Aux élections législatives de 1885, le comité de l'Union

Conservatrice le porta sur sa liste, et il fut candidat à Paris en même temps que le général du Barail et M. Hervé. Il obtint plus de 50,000 suffrages.

M. Ferdinand Duval occupe un appartement au coin de la rue de Beaune et du quai, à l'étage au-dessus de celui qu'habita et où est mort Voltaire.

De ses croisées, il aperçoit de l'autre côté de l'eau les fenêtres du palais meublé où descendent ses successeurs, les pauvres diables livrés aux fauves du Conseil municipal, jusqu'au jour où ils sont dévorés par les préfectophages altérés de sang.

C'est alors qu'il doit se dire :

— Poubelle n'est pas veinard !

BONVALET

Il était des officiers dits supérieurs de la garde nationale de 1848 : chef de bataillon de la 6ᵉ légion.

Doué d'aptitudes diverses, cette dignité militaire ne l'empêchait pas de confectionner comme pas un la bisque d'écrevisses et la sole normande, qui attirèrent à son restaurant du *Cadran bleu*, sur le boulevard du Temple, une foule de consommateurs, parmi lesquels une si grande quantité de littérateurs et d'artistes, qu'il reçut le surnom glorieux de *Restaurateur des lettres*. Un spirite de nos amis qui cause familièrement avec François Iᵉʳ l'a trouvé fort courroucé de cette usurpation, et disposé à faire un procès dès que M. Bonvalet, naturalisé mort sur cette terre, se présentera dans les mondes d'au delà.

Il y avait alors au *Cadran bleu* un déjeuner du vendredi, célèbre pour ses menus savants. M. de Villemessant était un des convives les plus assidus ; il s'y rencontrait avec des négociants, de notables commerçants, et les consultait sur le *premier Paris* de celui-ci, les échos de celui-là, la nouvelle de l'un et le roman de l'autre.

***

M. Bonvalet battit froid au futur empereur lors du coup d'État de 1851, et fut, pour ce manque de sympathie, envoyé en villégiature à Mazas, où on le retint quinze jours.

Tout se paye, tout se répare; la justice arrive toujours, lentement, mais enfin elle arrive.

Ce martyr de la tyrannie peut émarger aujourd'hui à titre de victime du coup d'État.

Bien avant cette tardive réparation, au 4 septembre 1870, M. Bonvalet fut nommé maire du troisième arrondissement, son quartier.

Il se signala par ses efforts pour introduire l'instruction laïque et obligatoire dans sa municipalité.

Il voulut monter plus haut et aspirer à la députation, mais M. Moreau se mit méchamment en travers de ses ambitions et fut nommé contre lui. On dédommagea M. Bonvalet en le faisant conseiller municipal. Il dut résigner ces fonctions en 1873, et, ne s'occupa plus que d'affaires.

Pendant trois ans, il fut attaché à l'hôtel et au casino de Pornichet-les-Pins, dont les principaux fondateurs sont MM. Lasalle et Sellier, de l'Opéra.

Aujourd'hui, M. Bonvalet est redevenu simple bourgeois de Paris, et se contente de manger la cuisine des autres. On dit qu'il ne s'en porte pas plus mal.

ÉTIENNE ARAGO

Cet ancien vaudevilliste est aujourd'hui conservateur du musée du Luxembourg. Il y est logé par l'État, a le chauffage, l'éclairage et sept mille francs d'appointements.

Tous les matins, le brigadier des gardiens du musée vient chez lui au rapport. Ce brigadier est le cousin germain de Courbet et possède lui-même une petite galerie dans laquelle figurent beaucoup d'œuvres du maître peintre.

Étienne Arago, de la grande famille illustrée par son frère François a été, pendant de longues années, un des fournisseurs les plus féconds, les plus applaudis, du Vaudeville, des Variétés, du Palais-Royal.

Il donna même aux Français, en 1847, une comédie en cinq actes : *Les Aristocraties,* avec Desnoyers.

Il fut directeur du Vaudeville et est pensionné par la Société des auteurs dramatiques.

Plus tard, changeant de carrière, ce « vieux soldat de la République », comme il s'intitule lui-même, fut appelé à la mairie de Paris.

Il eut l'idée excellente d'un décret qui frappa d'une taxe les francs-fileurs pendant le siège.

Cependant, au 31 octobre, sans respect pour ce vieux soldat de la République, il fut fait prisonnier chez lui, à l'Hôtel de Ville. Ce témoignage d'ingratitude l'ayant refroidi à l'égard des « frères », il envoya sa démission.

Son neveu Emmanuel, notre ambassadeur à Berne, a, lui aussi, commencé par la comédie du théâtre, avant d'aborder la comédie politique. On a de lui *la Demande en mariage ou le jésuite retourné (!), Mademoiselle Aïssé ou la Géorgienne,* en collaboration avec Marie Aycard. Il est également pensionnaire de la Société des auteurs dramatiques.

Étienne Arago a marqué son passage au Luxembourg par l'établissement d'un catalogue complet qui manquait avant lui. C'est un excellent conservateur, et, si l'on en juge par lui-même, il doit avoir des procédés de conservation très efficaces, car ce beau et robuste vieillard date du 9 février 1802, et est par conséquent l'aîné de Victor Hugo qu'il n'a aucune envie de suivre prochainement dans sa nouvelle patrie.

JENNEVAL

O fragilité des grandeurs humaines!

Avoir parcouru la France en triomphateur, avoir entendu son nom répété dans toutes les sous-préfectures par les cent voix de la renommée; avoir reçu des épîtres de Concarneau et de Brives-la-Gaillarde; avoir même subjugué des femmes du monde de Paris et, après quelques représentations au Châtelet, glorieux et portant beau, avoir pris place dans un coupé de maître stationnant dans l'ombre de la rue des Lavandières-Sainte-Opportune, et y avoir trouvé une dame aussi belle qu'immorale, adorablement vêtue et imprégnée de parfums capiteux, qui, d'une voix émue, a ordonné au cocher de toucher « à l'hôtel ».

Avoir eu cette vie brillante et choyée, et venir s'échouer sur le rond de cuir du bureaucrate!

Suprême et terrible leçon! La gloire n'est que fumée, la renommée qu'un son vite évanoui, tout est poussière et retourne en poussière.

Jenneval — qui l'eût dit! — Jenneval lui-même n'est que poussière!...

JENNEVAL EST DANS NOS MURS.

Si vous vous voulez savoir la cause du marasme du théâtre en province, ne la cherchez pas ailleurs que dans la disparition de cette affiche flamboyante annonçant l'arrivée du grand, du célèbre, du seul Jenneval.

Jenneval n'est plus, il a emporté avec lui, dans sa retraite, le mélodrame qui fit frissonner tant de cœurs naïfs et pleurer tant de beaux yeux de notairesses sentimentales ; il le tient à jamais enfermé dans le tiroir de son bureau, où il range ses plumes et ses règles, ses manches de lustrine, sa brosse à chapeau et le petit pain et le carafon de son déjeuner.

Pan est mort!...

C'était un beau tapage alors, au temps de sa splendeur, quand il faisait à une petite ville l'honneur de jouer devant elle. D'abord, il avait des procédés à lui pour attirer l'attention.

Son roman comique a des chapitres très amusants.

C'est ainsi qu'arrivant dans une ville de province — c'est peut-être à Vienne, en Dauphiné — il va demander au commandant de place de vouloir bien lui accorder une figuration de cinquante artilleurs en armes pour la répétition. Il emmène son détachement au théâtre, dont il fait fermer toutes les portes, et là, pendant deux heures, fait faire des feux de peloton, agite tous les tonnerres du magasin d'accessoires, imite sur les grosses caisses des ouragans d'artillerie, et des cris, des vociférations, un tapage tel, que toute la ville, éveillée en sursaut, s'était portée autour du théâtre.

Qu'est-ce? Qu'y a-t-il ? On s'égorge ?

Il n'y a rien, que la répétition de la grande pièce militaire qu'on jouera demain !

Aussitôt le public de se précipiter au bureau de location, et la salle était prise d'assaut.

Le lendemain on donnait *Gaspardo le pêcheur* ou *les Orphelines du pont Notre-Dame !*

D'artillerie, de fusillade, pas l'ombre. Mais la recette était superbe et le tour était joué.

Il faut dire que ce diable d'homme, qui ne manquait pas de talent, empoignait son public et absorbait à lui seul l'attention et l'intérêt.

Aujourd'hui donc, dégoûté, écœuré de la décadence de son cher mélodrame, Jenneval a pris sa retraite du théâtre.

Il est chef de bureau de la Compagnie des Petites Voitures.

Il avait beaucoup joué *la Berline de l'émigré* dans sa jeunesse.

Rapprochement naturel des choses, il devait terminer sa carrière dans les voitures.

Il *se fait une tête* quelquefois, par habitude, une tête de bénisseur, les jours où il est appelé à écouter les doléances des écrasés.

Ce n'est plus que dans ces occasions qu'il touche encore au théâtre.

FÉLIX

Il faut n'avoir jamais été un pauvre diable de lieutenant accablé de besogne, levé avant le soleil, chargé de l'instruction des recrues, abruti de revues de chambre, de théories, de semaines, d'appels, et attendant, fiévreux d'impatience, l'heure bénie où sa nomination de capitaine va le délivrer de la plupart de ces fastidieuses corvées et améliorer quelque peu son revenu ; il faut, dis-je, n'avoir jamais été officier caressant l'espoir d'un avancement prochain, pour ne pas connaître Félix.

« Mon cher Félix, mon bon Félix, cher monsieur Félix, vous qui savez tout, rendez-moi le service de me dire quel est mon numéro de classement ; quand il doit y avoir une place de capitaine vacante au régiment ; si l'on ne va pas mettre bientôt à la retraite le colonel de X..., qui a atteint sa limite d'âge et ne tient pas à cheval, etc., etc. »

Et le bon Félix, qui a réponse à tout, écrit :

« Je suis heureux de vous annoncer que vous êtes classé n° 2 ; le n° 1 est nommé d'hier ; il est certain qu'un mois ne se passera pas avant que vous ne receviez votre nomination ; je vous tiendrai au courant. »

Ou bien.

« Il y aura dans huit jours une vacance de capitaine chez vous, M. le capitaine X... devant être nommé commandant. — Le colonel de X... ne tardera pas à être mis à la retraite, car un décret, envoyé à la signature ce matin, le nomme commandeur de la Légion d'honneur, etc., etc. »

C'est qu'il sait tout et voit tout, le légendaire Félix, du café du Helder, l'informateur-né, actif, extraordinairement renseigné de tous les mouvements du personnel de l'armée. Quels moyens emploie-t-il? Quelles séductions, quels appâts lui conquièrent les consciences? Nul ne le sait. Tant il y a cependant qu'il n'est pas une liste de nominations qu'il ne connaisse, peut-être même avant que le décret n'ait la signature du chef de l'État.

Quel que soit le mystère dont s'entourent les comités, les bureaux, les états-majors, cela devient immanquablement pour Félix un secret de Polichinelle. On dirait qu'il loge, invisible, dans les cartons verts, dans les tiroirs des bureaux, dans le rond de cuir des directeurs, et que, présent à toutes les délibérations, entendant tout et clouant des milliers de noms dans les casiers de son infaillible mémoire, ce Félix-Asmodée est, par essence supérieure, destiné à connaître tout ce qui se passe au ministère de la guerre.

La grande époque de sa vie a été celle qu'il a passée au café du Helder, Catelain *regnante*.

Là, cet annuaire vivant a eu la clientèle de toute l'armée, depuis les généraux les plus empanachés jusqu'aux simples sous-lieutenants. Le maréchal Randon, ému de ses indiscrétions, lui avait voué une haine corse; nous ne savons plus même s'il ne l'avait pas fait empoigner; mais, de toutes ces épreuves, Félix sortait plus fort et mieux informé encore, si possible.

Du café du Helder, il alla gérer le café de la Paix où le suivirent quelques fidèles. Il ne fit qu'y passer. Des propositions magnifiques lui ayant été faites, il vint à Lille où, pendant six ans, il dirigea le café Jean, sur la place du théâtre, qui est le plus bel établissement de la ville. C'est le café anglais de l'endroit. Tous les officiers supérieurs et le high-life le fréquentent.

Aujourd'hui, Félix est revenu au café de la Paix, mais en qualité de simple consommateur.

VIVIER

Ce corniste sans rival, qui n'eut d'égal que Romieu, comme mystificateur, s'est retiré à Nice. Il y vit assez isolé, fréquentant seulement quelques intimes, parmi lesquels Briguiboul, l'ancien directeur des jeux d'Ems.

Le ciel bleu, la Méditerranée, le chaud soleil de Nice, les fleurs, les orangers, tout ce beau pays si plein d'enchantements et si bien fait pour le farniente, conviennent au tempérament de Vivier, que l'on pourrait surnommer le « Président de la République des flâneurs ».

Quand il ne flâne pas, il se teint.

De la vie de Paris, il a conservé les habitudes de noctambulisme qui le font rentrer chez lui à des heures où l'on ne rencontre dans les rues de la ville endormie que des ivrognes attardés ou des malfaiteurs embusqués pour « un coup ».

Malgré les avis de ses amis, qui savent dangereuses ces promenades nocturnes dans les quartiers, où les couteaux sortent si facilement, il ne saurait renoncer au plaisir d'errer seul sous la clarté des étoiles et d'entendre son pas sonore dans le silence des rues désertes. Il trouve même que ce péril donne du ragoût à sa jouissance favorite.

Vivier a pris sa retraite comme exécutant ; tout au moins, ne joue-t-il plus en public. Il répond invariablement aux personnes qui demandent à l'entendre, qu'il a laissé son embouchure au vestiaire.

Cependant cet ancien ami de Napoléon III fait quelquefois de la musique chez lui.

— Je ne joue plus en public, dit-il, parce que cela me fatigue et que j'aime le repos. Chez moi, c'est autre chose ; je joue pour embêter mes voisins...

En quoi il se trompe, car, habitant les vieux quartiers de Nice, ses voisins sont, pour la plupart, des Italiens annexés.

Or, qui dit Italien, dit amoureux de musique.

Et, quoi qu'il prétende, sa musique est toujours fort agréable à entendre.

LE GÉNÉRAL THIBAUDIN

Le joli village de Montfermeil, découvert dans la première partie de ce siècle par Paul de Kock qui y trouva et rendit célèbre une aimable laitière, est, malgré la réelle beauté de son site, l'agrément de ses promenades et la pureté de l'air qu'on y respire, assez peu connu des Parisiens. Il est haut perché au-dessus de Gagny et de Chelles, à quelques kilomètres du Raincy, assez difficilement abordable, les moyens de locomotion étant rares. Situé hors du parcours du chemin de fer, ce n'est pas un pays « dans le mouvement ». Aucun homme célèbre n'y a encore de statue. On y trouve donc la paix profonde que ne troublent aucun écho de la ville, aucun « Ohé! » de canotier, aucune ineptie de café-concert. C'est la calme retraite, le sûr refuge où peuvent venir s'échouer les fatigués du boulevard, les *cœurs brisés* de l'amour, les déçus de la politique, de la gloire, de toutes les ambitions.

Notre spirituel confrère, M. Eugène Chavette, s'y repose, depuis pas mal d'années, d'une forte indigestion de Paris.

Le général Thibaudin, à sa sortie du ministère, s'y est réfugié.

Il s'est installé dans une modeste petite maison, véritable habitation de philosophe, et tout semble indiquer qu'il y a pris sa retraite définitive. Les travaux qu'il a fait exécuter et les soins qu'il prend de son jardin donnent à penser qu'il a planté à jamais sa tente sur le pittoresque plateau de Montfermeil. Est-ce une vocation irrésistible qui a poussé le général à déposer l'épée pour goûter la paix des champs ? Nous ne le pensons pas. La politique aboutit toujours à ces écœurements pour un soldat.

On sait qu'il accepta le portefeuille de la guerre au prix d'un acte malheureux dont le général Billot avait refusé d'endosser la responsabilité.

Il en est mort... militairement.

Ce fut un brave soldat qui prit part aux campagnes d'Afrique et d'Italie. La guerre de 1870 le trouva lieutenant-colonel au 67ᵉ de ligne. Après le combat de Forbach, il fut porté pour le grade de colonel.

À Rezonville, le 67ᵉ fit belle contenance : le lieutenant-colonel Thibaudin reçut, ce jour-là, une blessure au bras droit.

Prisonnier à la capitulation de Metz et interné à Mayence, il réussit à s'échapper. Une fois en France, il gagna Lyon, fut envoyé à l'armée de l'Est, où il devint le général Comagny.

Ce nom n'est pas celui de sa mère, comme on l'a dit et si souvent répété. *Comagny* est une petite commune du Morvan, distante de 3 kilomètres environ de Moulins-Engilbert (Nièvre). M. Thibaudin est né dans ce village dont il a emprunté le nom.

Donc, le général Comagny n'était autre que le colonel Thibaudin.

On se souvient des vives polémiques suscitées par cet acte que les Allemands stigmatisèrent comme un forfait à l'honneur militaire, le colonel Thibaudin ayant, prétendaient-ils, *signé le revers*, c'est-à-dire l'engagement de ne pas servir contre l'Allemagne pendant le reste de la guerre.

Le général Comagny fit bravement son devoir durant toutes les opérations de la malheureuse armée de Bourbaki. Il fut de ceux qui entrèrent en Suisse.

De retour en France, il redevint le lieutenant-colonel Thibaudin, mais pour quelques jours seulement, car il fut nommé colonel le 15 février 1871. C'est en qualité de général de brigade qu'il vint occuper au ministère la direction de l'infanterie. Il commanda la 6ᵉ division militaire, cette fameuse division qui est chargée de protéger le Palais-Bourbon, le Sénat et l'Élysée et qui est la pépinière des généraux politiques triés sur le volet pour l'ardeur de leurs convictions. C'est à lui, alors ministre de la guerre, que les officiers d'infanterie doivent la suppression de l'épaulette et la tenue actuelle.

Aujourd'hui donc, le général Thibaudin vit dans une retraite profonde, n'en sortant qu'à de rares intervalles pour venir présider le Comité d'infanterie.

Cependant il a été nommé, en décembre 1886, gouverneur de la Place de Paris; mais, suivant le nouveau règlement sur le service des Places, ces fonctions ne sont effectives qu'en cas de guerre.

LE COMMANDANT BRASSEUR

Tout le monde a vu l'admirable tableau d'Alphonse de Neuville : *le Bourget*. C'est l'épisode du dernier effort de la lutte, à la porte de l'église, où une poignée de désespérés s'étaient barricadés et continuaient le combat à outrance, avec un tel acharnement que les Allemands, pour avoir raison de leur résistance, durent dresser des échelles contre les baies, et, de là, fusiller ces héroïques soldats.

Le feu a été éteint ; tous les défenseurs sont hors de combat ; on évacue l'église ; un officier blessé grièvement en est retiré et transporté sur une chaise ; c'est le lieutenant Grisey, des grenadiers de la garde. Au premier rang, à droite, debout, avec une poignante expression de sombre désespoir sur sa belle et fière figure, est un vieux commandant français, désarmé et gardé à vue.

Ce personnage, absolument réel, est le commandant Brasseur.

Il commandait au Bourget sept compagnies du 128e de marche, formées par les dépôts de l'ex-garde impériale.

Ces compagnies combattaient à côté des mobiles du brave commandant Baroche qui, on le sait, trouva la mort ce jour-là !

Brasseur et ses hommes avaient été admirables dans cette lutte inégale et désespérée. Le commandant, nous ont conté des témoins de l'affaire, était merveilleux de calme au milieu de cet ouragan de mitraille, donnant ses ordres comme à la parade, ramenant avec une énergie sans égale sa troupe à la barricade de la Grand'Rue, sans plus s'occuper des épouvantables décharges qui la foudroyaient, que si c'eût été une simple grêle d'orage.

Le combat avait commencé à sept heures et demie du matin; à midi et demi, ne pouvant plus lutter, succombant sous le nombre des colonnes prussiennes, le commandant était forcé de se rendre.

Une balle avait traversé son képi et lui avait labouré le crâne.

Déjà, en Italie, le képi du lieutenant Brasseur avait été atteint.

Les balles en voulaient à sa tête.

Comme on l'emmenait prisonnier, quelques instants après la scène qu'a peinte Alphonse de Neuville, un coup de feu tua raide un grenadier du régiment *Kaiser-Joseph*. L'officier prussien qui commandait l'escorte fit aussitôt sortir le commandant du rang des prisonniers et, désignant quelques soldats, leur dit en Français :

— Qu'on l'emmène et qu'on le fusille !

Heureusement, un sous-officier allemand intervint, fit observer que le coup de feu avait été tiré bien après que le commandant s'était rendu et obtint le retrait de cet ordre barbare.

Le commandant Brasseur fut conduit à Erfurt où il eut à supporter une rude captivité.

La première étape après le Bourget avait été Lisy, en Seine-et-Marne.

Il avait été logé chez le curé, en compagnie de quelques-uns de ses camarades. Il s'y coucha, mort de fatigue et couvert de boue des pieds à la tête; l'étape avait été longue !

Le lendemain matin, en se levant, quels ne furent pas son étonnement et son émotion, quand il trouva au pied de son lit ses habits brossés, ses souliers cirés, et aperçut dans le corridor le curé et sa bonne occupés tous les deux à rendre le même office aux autres prisonniers.

Et le brave homme ne s'en tint pas là : il vida le presbytère pour bourrer les poches de ses hôtes et se dépouilla pour eux. S'il vit encore, et si ces lignes lui tombent sous les yeux, qu'elles lui disent toute notre sympathie et notre admiration pour son action touchante et sa charité patriotique.

Le pauvre vieil officier a payé cher les fatigues, les luttes et les souffrances de cette terrible époque. Il a été atteint d'une paralysie des membres inférieurs qui l'a relégué aux Invalides.

On le voit tous les jours, promené dans une petite voiture que pousse un homme de service. La figure est toujours belle et l'œil a gardé son éclat.

Dans la modeste chambre qu'il occupe à l'Hôtel, nous avons aperçu la photographie du tableau du Bourget, avec cette dédicace du regretté de Neuville : « *A mon modèle et à mon ami, le commandant Brasseur.* »

LE GÉNÉRAL DE FAILLY

Ses débuts avaient été particulièrement brillants. En Afrique, en Crimée, il s'était signalé par de beaux faits d'armes qui l'avaient classé au premier rang des hommes de guerre sur lesquels pouvait compter le pays. Aux batailles de l'Alma, du Mamelon Vert et de Traktir, il s'était montré tacticien et soldat héroïque. Il reçut les étoiles après la campagne, et l'Empereur, voulant honorer l'armée victorieuse et appeler dans sa maison militaire un de ses plus glorieux officiers, choisit pour aide de camp M. de Failly.

En Italie, il était divisionnaire. Là encore, sous les ordres du maréchal Niel, il se distingua à Magenta et à Solferino, où deux colonels et quatre chefs de bataillon furent frappés près de lui.

En 1867, il fut envoyé à Rome pour combattre le mouvement insurrectionnel de Garibaldi, et expérimenta, à cette occasion, le fusil Chassepot qui, selon une phrase de son rapport, restée légendaire, « fit merveille » à Mentana.

Deux ans après, il remplaça, à Nancy, le maréchal Bazaine. C'est là que le trouva la déclaration de guerre à l'Allemagne.

A partir de ce jour néfaste, tout ce passé glorieux s'écroula. Des malheurs et des fautes ternirent à jamais une réputation militaire jusqu'alors hautement honorée, si bien qu'il est tombé dans l'oubli le plus profond et que beaucoup même le croient mort.

Il n'en est rien pourtant. Le général de Failly, il est vrai, vit, depuis 1871, dans la retraite la plus absolue, portant avec dignité la grande infortune qui a mis une ombre sur sa mémoire. A sa rentrée de captivité, il publia à Bruxelles une brochure où il rappela, jour par jour, le rôle du 5ᵉ corps.

« J'accepte et je déplore, le cœur brisé — y dit-il, — la
« part de malheur du 5ᵉ corps dans les désastres qui nous
« ont frappés : mais je repousse toute responsabilité. Sacrifié
« sans examen, sans hésitation et sans jugement au premier
« revers, je n'ai voulu ni *accuser* ni *me défendre*. »

Son corps d'armée fut, on le sait, dans la première phase de la guerre, échelonné entre le corps de Mac-Mahon et celui du général Frossard. Au reproche qu'on lui fit de son immobilité pendant la journée du 8 août, alors que, marchant au canon, il eût pu changer le sort de la bataille, le général de Failly répond par cette théorie :

« Le principe de marcher au canon est vrai et sera toujours
« vrai, lorsque plusieurs corps d'armée, cherchant l'ennemi,
« sont privés entre eux de communications. La voix du
« canon alors doit guider, diriger et hâter la marche. Mais
« lorsqu'un corps est chargé de la défense d'un point déter-
« miné, qu'il couvre une trouée, protège des flancs et est en
« communication directe avec le quartier général, siège de la
« direction des opérations, il doit se considérer comme un
« corps de réserve sur le terrain de combat et ne se porter
« en avant que sur un ordre, sous peine de risquer de com-
« promettre le plan général. »

Ce ne fut sans doute pas l'avis du quartier général et du ministre de la guerre, car la lettre suivante lui fut envoyée le 22 août :

« Mon cher général,

« J'ai le regret de vous annoncer que le ministre de la
« guerre vient de vous donner une autre destination. Il a
« nommé le général de Wimpffen au commandement du
« 5⁰ corps et vous invite à vous rendre à Paris dès qu'il vous
« sera possible. Je ne sais le motif qui a motivé cette nou-
« velle destination, et je vous prie, dans tous les cas, de bien
« croire à ma vieille amitié.

« *Signé :* Maréchal DE MAC-MAHON. »

Malheureusement, le 30 août, le général de Failly était encore à la tête du 5⁰ corps et, parmi toutes les épouvantables fatalités qui s'acharnèrent contre nous, la faute qu'il commit ce jour-là ne fut pas la moins féconde en désastres.

On sait que nous voulons parler de la « surprise de Beaumont ».

Il était près de midi et demi quand tout à coup retentit un coup de canon suivi de plusieurs autres.

Les hommes étaient en manches de chemise, nettoyant leurs armes ; beaucoup allaient et venaient dans la campagne, à la recherche de provisions ; enfin, *tous* les chevaux de l'artillerie avaient été envoyés à la fois pour boire.

Le général baron Ambert, dans son remarquable ouvrage sur la guerre de 1870, a raconté un émouvant épisode que voici :

« Pendant ce temps, le curé donnait à déjeuner à quelques
« médecins et au sous-intendant. La porte s'ouvrit brusque-
« ment, et une religieuse s'écria : « Messieurs, les Prussiens
« sont sur vous ! »

« Le curé, se levant, dit à la religieuse : Allez chez le

« maire où déjeune le général en chef avec son état-major,
« et faites ce que vous venez de faire ici.

« Trois factionnaires empêchèrent la religieuse d'entrer
« pour ne pas interrompre le repas du commandant du
« 5ᵉ corps; mais, dans son désespoir, la religieuse cassa un
« carreau de la salle à manger pour attirer l'attention des
« convives. Profitant de la surprise, elle entra dans le corri-
« dor. Un aide de camp, la prenant par le bras, la fit reculer.
« Alors le général de Failly dit à l'aide de camp : Laissez-la
« parler. La religieuse dit où elle avait vu les Prussiens. Le
« général en chef prit une carte de la mairie et la consulta. »

Mais il était trop tard. Un quart d'heure après, un coup de canon tiré de fort près interrompait brusquement tous les déjeuners de l'état-major, des généraux, des colonels, des commandants.

Depuis 1871, le général de Failly est en disponibilité et appartient à la 1ʳᵉ section de l'état-major général.

Il est âgé de soixante-seize ans.

Il habite Compiègne pendant l'hiver et, pendant l'été, le château de la Chenaye près Pierrefonds.

Ce château est en pleine forêt. Dans le parc, se trouve une chapelle où l'on fait un pèlerinage en septembre. Les mères y conduisent leurs enfants infirmes. Ce jour-là, a lieu une vente considérable d'échaudés bénits qui, d'après la légende locale, ont des propriétés curatives miraculeuses,— et, absorbés en grande quantité, guérissent infailliblement de la faim.

Le général, nous l'avons dit, vit très retiré, en bon petit bourgeois. Il a deux fils, dont un est officier de cavalerie dans l'armée, sorti un des premiers de Saint-Cyr et avec le n° 1 de Saumur.

MADEMOISELLE JANE ESSLER

Il y a de cela pas mal de lustres déjà, Frédérick Lemaître répétait à l'Odéon un drame de Victor Séjour, *André Gérard*. On lui présenta pour jouer le rôle très important de Marguerite, la fille d'André Gérard, une jeune femme dont l'engagement au deuxième Théâtre-Français dépendait de ce début.

Frêle, maigriote, type très parisien, elle n'était pas régulièrement jolie, mais cette tête rayonnait d'intelligence. C'était une physionomie attachante de Mignon. Il y avait surtout en elle un amour passionné du théâtre, et l'honneur de débuter en donnant la réplique à Frédérick la transportait dans des ravissements sans fin.

Elle avait reçu des conseils de Mlle Georges et de Samson, et joué déjà sur plusieurs scènes inférieures.

Docile, avide de saisir les moindres intentions de son illustre partner, de se prêter à tous ses effets, elle subissait sans broncher ses rebuffades, ses brusqueries, ses injures même, car le grand artiste montrait en général l'amabilité d'un sanglier.

Dans la grande scène du quatrième acte, alors qu'André Gérard, apprenant la faute de sa fille, dans un paroxysme de fureur, la saisit et brutalement l'abat à ses pieds, Marguerite, la première fois, voulut faire un simple simulacre d'agenouillement ; mais ces précautions ne pouvaient être du goût de Frédérick.

— Te faut-il un coussin? Dois-je aller te chercher un prie-Dieu? Tâche, à l'avenir, de te laisser tomber sous mon étreinte comme tu tomberais dans la vie réelle; d'ailleurs je t'y forcerai bien.

C'est ainsi qu'il l'apostrophait en des appellations qui ne sont pas des noms d'oiseaux.

— Oui, monsieur Frédérick, oui, tout ce que vous voudrez! répondait la pauvre fille.

Et, depuis ce jour, quand arrivait la terrible phrase : « A genoux... à genoux, fille éhontée et perdue, à genoux! » Frédérick la saisissait violemment, lui broyait l'épaule sous sa poigne de fer et la jetait, écrasée, à ses pieds. La malheureuse pâlissait, étouffait un cri de souffrance et continuait son rôle, atterrée pour de vrai.

A la première, il y eut une véritable impression d'effroi à cette scène. André Gérard fut si terrible, Marguerite s'abattit si bien, qu'on la crut morte. Les deux artistes furent acclamés.

Cela se passait le 30 avril 1857.

Ce ne fut que le lendemain que la jeune comédienne montra à ses camarades ses genoux tuméfiés et sanglants. Dès le premier jour, la violence de sa chute avait déchiré les chairs et, à chaque répétition, la blessure se rouvrait et s'agrandissait. Pendant un grand mois, elle avait supporté vaillamment, sans une plainte, ce douloureux martyre. Elle était couronnée des deux genoux.

Cette comédienne se nommait au théâtre Jane Essler et sur l'état civil Mlle Faessler.

Depuis *André Gérard*, elle a eu de beaux succès, et l'art, qui lui devait bien une revanche, l'a plus d'une fois couronnée autrement et plus agréablement que ne l'avait fait Frédérick.

On se souvient de ses créations applaudies dans la *Reine Margot, Jeanne de Ligneris, Cadet Roussel, Cromwell, les Misérables* et surtout de celle de Mario, des *Beaux Messieurs de Bois-Doré,* qui représente le summum de ses succès.

Son dernier rôle, non le meilleur, est celui de la *Diana* de M. d'Ennery, à l'Ambigu, qui sembla avoir entraîné l'artiste dans un fatal plongeon.

Jane Essler n'a pas reparu au théâtre depuis cette chute mémorable. Cependant en insistant beaucoup, en déployant une grande éloquence, en lui apportant un rôle très dramatique, plein d'effets, de sensibilité, de charme, sympathique à tous égards, nous croyons bien qu'on parviendrait à l'arracher à sa retraite.

Cette retraite, c'est surtout les grandes routes ; nul voyageur n'a dévoré plus d'espace ; elle a déjà cherché le passage du pôle ; les superbes bois de rennes qu'elle a rapportés de Laponie en font foi. Dernièrement, elle se préparait à une villégiature en Sibérie.

Entre temps, elle est propriétaire au cap d'Antibes, dans le voisinage de M. d'Ennery.

Mlle Jane Essler s'est fait construire aussi, rue Daubigny, dans le quartier Monceau, une maison à trois étages avec ateliers, dont elle occupe le rez-de-chaussée et le premier. Son salon est très artistement aménagé, avec de beaux vitraux, des faïences, des tapisseries, quantité d'intéressants bibelots, son portrait par Baudry, un Delacroix, des dessins de Victor Hugo, etc., etc.

Beaucoup l'envieraient. Et pourtant, tout ce luxe, tout ce bien-être ne semblent pas l'attacher, et son humeur vagabonde la pousse à de perpétuels déplacements. N'y aurait-il pas là une grande nostalgie du théâtre? Regretterait-elle le temps où Frédérick lui broyait les os? On peut le comprendre à la rigueur.

Mais où sont les neiges d'antan?

LE COMTE BENEDETTI

On l'a accusé d'avoir déterminé par sa maladresse la rupture des relations diplomatiques qui, sous une autre impulsion, eussent pu conjurer la catastrophe.

Pour tout esprit impartial, la lecture des documents publiés en 1871 par M. Benedetti dans une brochure justificative intitulée : *Ma Mission en Prusse*, prouvera que, mis en présence d'une situation inextricable, notre ambassadeur ne pouvait changer un dénouement depuis longtemps désiré et arrêté de part et d'autre.

M. Benedetti a aujourd'hui soixante et un ans. Il a débuté dans les consulats, au Caire, à Palerme, en 1848; puis il fut nommé premier secrétaire à l'ambassade de Constantinople ; il passa ensuite au ministère des affaires étrangères comme directeur des affaires politiques. En 1856, il fut appelé à rédiger, comme secrétaire du Congrès de Paris, les protocoles du traité. Très dévoué à la cause de l'indépendance italienne, lié avec M. de Cavour, il reçut le poste de ministre plénipotentiaire de France à Turin en 1861. Trois ans après, on le nommait ambassadeur près du roi de Prusse, en remplacement de M. de Talleyrand-Périgord. Sa mission se termina brusquement par la fatale entrevue d'Ems. Il va sans dire que sa carrière diplomatique s'est arrêtée là. Il ne doit pas la regretter.

M. Benedetti a été fait comte en 1869.

Il est grand'croix de la Légion d'honneur depuis le 1er septembre 1866.

En 1883, il a été nommé conseiller général de la Corse, et représentait le canton de Nonza dans l'arrondissement de Bastia. A Paris, il habite dans le voisinage de la princesse Mathilde dont il est resté un des amis les plus dévoués.

HORTENSE SCHNEIDER

Il nous arrive parfois de rencontrer dans le tramway de Saint-Cloud ou de Sèvres une dame mise avec une simplicité de bonne bourgeoise économe, — dont l'économie irait même jusqu'à porter des gants tant soit peu élimés et décousus, — très forte, à la physionomie aimable et dont les traits gardent encore, malgré une légère bouffissure qui en a altéré la finesse, la trace d'un grand charme d'autrefois.

Cette dame est Mme Hortense Schneider.

Eh! quoi?... *La Belle Hélène* qui désespéra tant de Ménélas, et à laquelle tant de Pâris des bergeries princières décernèrent la pomme? La *Boulotte* de *Barbe-Bleue*, qui était rosière par voie de tirage au sort, ce qui était bien la seule façon qui lui restât de ceindre la couronne de fleur d'oranger? La *Périchole* qui chantait si délicieusement la « Lettre de Manon »?

Parfaitement! *La Grande Duchesse de Gérolstein*, qui avait de si singuliers procédés d'avancement dans l'armée, l'adorée, la charmeuse, l'amoureuse, la puissante duchesse de Gérolstein, la voici, en rupture de duché, en rupture de diadème, en rupture de Fritz, en rupture de tout!

Que voulez-vous? Les souverains eux-mêmes sont mis à la retraite. Par le temps qui court, combien d'eux meurent sur le trône?

Elle vit, réfugiée dans ses souvenirs! Quelle carrière pleine de tous les enchantements du succès! Quels triomphes d'artiste et de femme! Quelle moisson de lauriers et de billets de toutes les banques!...

Mais aussi que d'esprit, que de tact dans la gravelure, quelle décence, oserions-nous dire, dans la gaillardise! Tout ce répertoire charmant de Meilhac et d'Halévy, auquel la musique d'Offenbach ajoutait une quintessence de gaieté et de diable au corps, on ne l'entendra plus, parce que la créatrice y avait gravé en traits si profonds sa personnalité, qu'aucune artiste ne veut tenter de lutter contre ce souvenir. Toutes les tentatives ont échoué jusqu'à présent. On dirait qu'elle a emporté sous son bras, dans sa retraite, ces jolies partitions si bien venues, d'une belle humeur si franche, que les musiques prétentieuses d'aujourd'hui font tant regretter, et dans lesquelles elle fut inimitable.

Hortense Schneider, on le sait, est Bordelaise. On sait aussi qu'à quinze ans, elle débuta dans *Michel et Christine* à l'Athénée de sa ville natale, puis qu'elle vint à Paris, fit quelques bonnes créations dans les théâtres de genre, et enfin trouva sa voie dans le répertoire d'Offenbach, faisant la fortune de tout le monde en même temps que la sienne. Elle voyagea à l'étranger et ce furent des tournées triomphales : à Londres, à Pétersbourg, elle eut ovations sur ovations.

Puis arrivèrent les années de malheur. C'était fini, la comédie! Hortense voulut cependant reparaître sur la scène et, l'heure des joyeusetés étant passée, prouver qu'elle pouvait, elle aussi, jouer le drame et y réussir comme dans l'opérette. Elle joua donc *la Grâce de Dieu* à la Gaîté. Mais ce n'était plus cela. *La Grâce de Dieu* non plus, du reste.

Mme Schneider, retirée aujourd'hui à une extrémité de ce Paris qu'elle a rempli d'elle pendant vingt ans, a vendu son magnifique hôtel de l'avenue du Bois-de-Boulogne et habite maintenant une petite maison de l'avenue de Versailles, où elle ne demande qu'à vivre tranquille et ignorée.

ALBONI

On se souvient que, priée d'écrire quelque chose sur un album, elle traça une portée de musique, et sur cette portée, une gamme partant du *fa* grave au *do* suraigu. Au-dessous, elle écrivit simplement : *La mia estenzione*, et signa.

C'était, en effet, le trajet parcouru par cette voie phénoménale, et, dans cette fusée magique de sons, qui partait des profondeurs extrêmes du contralto pour s'élancer jusqu'aux étoiles, pas une note dont la sonorité faiblît, dont le volume fût moindre que celui de ses voisines ; tous les registres également puissants, également capables d'une force non atteinte jusque-là, en même temps que d'une pureté et d'une douceur adorables. Jamais timbre plus chaud, plus caressant, plus velouté, ne chatouilla l'oreille.

Mlle Alboni travailla beaucoup et fut la meilleure élève du Lycée de Bologne, dirigé par Rossini, qui surveillait personnellement ses études et lui écrivait ses exercices de vocalises.

Rossini lui fit signer un premier engagement au théâtre de cette ville, et elle y débuta à seize ans et demi.

Elle gagnait 80 francs par mois.

Puis elle fut envoyée à la Scala, où elle obtint un immense succès, parut en Allemagne, en Russie, en Hongrie, en Italie, marchant de triomphe en triomphe; à Covent-Garden, où elle touchait 50,000 francs pour la saison.

En 1845, à Vienne, elle revenait de Saint-Pétersbourg où elle avait chanté et entendu Rubini, Tamburini, Mme Viardot. Sous l'impression charmeresse du souvenir de ces véritables artistes, étant dans sa chambre d'hôtel, l'Alboni se remémorait et chantait à pleine voix les rôles de chacun, lorsque tout à coup la porte de son appartement s'ouvre, et Liszt apparaît, la figure bouleversée, et demande qui chante ainsi :

— Moi! répond l'Alboni.

— Comment vous appelez-vous?

— Marietta Alboni.

— Savez-vous que vous chantez comme une grande artiste.

Vingt ans après, dans le salon de Rossini, Liszt rappelait cet incident à l'Alboni qui l'avait peut-être oublié, mais dont la carrière avait justifié l'opinion du célèbre pianiste.

Elle vint ensuite à Paris, y donna quatre concerts à l'Opéra et fut engagée aux Italiens pour chanter Arsace dans *Sémiramide*.

Inutile de dire le culte passionné de Mme Alboni pour le musicien de génie qui fut son professeur.

Quelques jours avant sa mort, Rossini éprouvait des douleurs intolérables que rien ne pouvait calmer. Au nombre des intimes qui étaient auprès du malade se trouvaient l'Alboni et M. Vaucorbeil qui fut directeur de l'Opéra.

— Si nous faisions un peu de musique, dit l'Alboni, peut-être éprouverait-il du soulagement.

Aussitôt M. Vaucorbeil se met au piano, joue la *Sémiramide* et donne la réplique (Assur) à l'Alboni (Arsace).

Instantanément, la physionomie du maître s'éclaire d'un doux sourire, et l'on peut dire que ce fut là la dernière sensation musicale de Rossini.

⁎⁎⁎

Le point culminant de sa glorieuse carrière fut *le Prophète* qu'elle chanta, à l'Opéra, en 1850, avec un tel éclat, malgré le grand souvenir de l'admirable tragédienne lyrique, Mme Viardot, que Meyerbeer qui était allé se cacher, pour l'entendre, dans une loge de 4e galerie, descendit tout ému, courut à l'artiste, se jeta dans ses bras, les yeux pleins de larmes, et la déclara la Fidès incomparable.

Elle avait étudié, répété, joué en douze jours ce rôle écrasant.

Elle partit, elle aussi, à la conquête de la Toison d'Or et rapporta de son voyage en Amérique une abondante moisson de dollars.

Vers 1869, elle fit une tournée triomphale en France pour chanter la messe posthume de Rossini.

La direction des Italiens lui donnait pour cela 3,000 francs par concert.

A Metz, un épisode touchant dont la grande artiste garde toujours un souvenir attendri. Elle chantait *la Fille du Régiment*. Électrisés par cette voix merveilleuse, les élèves de l'École d'application ne pouvant trouver de fleurs à cette heure tardive, se levèrent tous, et, d'un commun accord, arrachèrent les pompons de leurs schakos et les jetèrent sur la scène.

Ce trophée lui est plus cher que les palmes d'or et les couronnes enrichies de diamants qui lui furent tant de fois décernées.

⁎⁎⁎

Mme Alboni avait épousé le comte Pepoli. Veuve, elle s'est remariée, il a dix ans, avec M. Zieger, alors capitaine de gendarmerie à Besançon.

Elle habite à Ville-d'Avray une jolie propriété portant le nom lyrique de *Villa Cenerentola,* et dont la grille d'entrée est surmontée d'une lyre d'or. Sous la marquise, de chaque côté de la porte, les Dieux Lares de la maison : Rossini et Meyerbeer; au-dessus, le médaillon de l'Alboni.

La grande artiste y vit huit mois sur douze, loin du bruit et dans l'indifférence la plus absolue de ce qu'elle appelle la Gloriole. Elle fait de longues promenades, a la prétention de marcher comme un chasseur à pied, et porte suspendue à son cou une montre-podomètre pour se rendre exactement compte des distances parcourues.

L'exercice la conserve en santé et en jeunesse, et on ne lui donnerait certes pas les soixante et un ans qui sont son âge réel, bien que les biographes s'obstinent à la faire naître en 1824.

Elle est née à Citta-di-Castello (anciens États du Pape), le 6 mars 1826.

La première fois qu'elle chanta à Paris, ce fut au bénéfice de la Société des artistes. La dernière fois qu'elle se montra sur la scène, ce fut au Trocadéro à la représentation organisée au profit de Dumaine.

On la rencontre partout où il y a du bien à faire et des misères à soulager.

LE COLONEL WILLETTE

Voilà un brave officier qui, après une vie toute de devoir, de travail et d'abnégation, s'est trouvé mêlé — non activement, mais comme un témoin aveuglé par un dévouement sans bornes — au plus sinistre drame de notre histoire militaire.

C'est le colonel Willette, l'aide de camp du maréchal Bazaine.

Il a les plus honorables services, de nombreuses campagnes et a conquis ses grades dans la Légion d'honneur sur le champ de bataille : il fut fait chevalier au combat de Marignan, et officier à celui de San Lorenzo.

En 1858, il fut attaché comme aide de camp à la personne du général Bazaine. Il était capitaine depuis 1852.

A partir de cette époque, il ne quitta plus son général, fit avec lui toute la campagne du Mexique, et l'accompagna à l'armée du Rhin et à Metz, puis partagea sa captivité à Cassel.

Lorsqu'en 1873, eut lieu le procès du maréchal, il se fit un devoir de ne pas l'abandonner dans le danger et de le défendre, dans toute la mesure de ses moyens, contre les haines et les malédictions vouées à celui qu'il ne cessa de considérer comme une victime. Il se condamna à s'enfermer avec le maréchal dans les prisons de l'avenue de Picardie, de Trianon et de l'île Sainte-Marguerite.

Pendant le procès, il fut entendu, non comme témoin, mais à titre de renseignement. En 1874, il fut convaincu de complicité dans l'évasion du maréchal, arrêté à Marseille, écroué au fort Saint-Nicolas, puis transféré à la prison civile de Grasse, ayant été condamné à six mois d'emprisonnement. Il en sortit le 17 mars 1875 et fut placé le même jour en disponibilité et, quelques mois plus tard, mis d'office à la retraite.

Il avait tout sacrifié, tout perdu, liberté, situation militaire, justes ambitions, jusqu'aux modestes ressources de sa solde, si nécessaires à une nombreuse famille fort pauvre. Il faut le plaindre. Mais nous ne saurions nous défendre d'un sentiment d'admiration pour ce dévouement aveugle, pour cette foi qui fit de lui un martyr. Et certes, si dévouement fut désintéressé, ce fut celui-là; que pouvait-il en attendre? Il est entré bravement, fièrement dans la pauvreté, dans le malheur; il a souffert sans se plaindre pour sauver son idole.

Le brave colonel, réduit à la portion congrue de la retraite, tenta de se créer de nouvelles ressources dans la vie civile, mais les vieux soldats y sont inhabiles; il fit le commerce des vins, et, naturellement, n'y réussit pas.

M. de Villemessant, pris d'intérêt pour lui, lui offrit une place au *Figaro* pendant l'Exposition. Il entra, ensuite, comme secrétaire, dans un cercle de Paris, qui fut fermé quelque temps après. Enfin, son âge lui donnait le droit d'être admis aux Invalides; c'est là qu'il vit fort modestement et obscurément, ne se plaignant pas, et, qui sait? peut-être même ne regrettant rien du fol enthousiasme qui a ruiné sa vie.

Il a plusieurs enfants, dont l'un est un dessinateur d'une grande originalité.

ROSINA STOLTZ

Dernièrement, Massenet, de passage à Vienne, trouva, en rentrant à son hôtel, une carte ainsi libellée.

ROSINA STOLTZ

(*Baronne Kenschendorff*)

La visiteuse était la grande Stoltz, l'incomparable Léonor de *la Favorite,* que notre génération n'a pas connue et qui a disparu depuis si longtemps, qu'on la croyait généralement morte de douleur de n'avoir pas été à son « Fernand », bien qu'elle lui eût offert tous les « biens de la terre ».

Il n'en est rien, on le voit; mais, comme elle a quitté le théâtre en 1856, voici trente-trois ans, cette supposition n'était pas inadmissible. Elle vit très bien, au contraire, en septuagénaire alerte encore, et s'intéresse toujours aux choses de son art, comme le prouve sa visite à l'un des jeunes représentants les plus distingués de la musique française.

Née en Espagne, en 1815, et venue de bonne heure en France, elle fut protégée à ses débuts par Mme la duchesse de Berri. Elle chanta *le Barbier de Séville* avec un tel succès qu'elle adopta le nom du personnage dans lequel elle arrivait du premier coup à la célébrité ; à partir de ce jour, elle s'appela Rosine sur le conseil de Rossini.

Puis, on la vit dans *la Juive,* dans *Guido et Ginevra,*

dans *Benvenuto Cellini* où, sous les traits d'Ascanio, elle chantait avec un charme adorable le bel air : *Mon âme est triste*, — la perle de la partition.

Le 2 décembre 1840, elle créa *la Favorite* avec un succès éclatant.

Berlioz, qui n'était tendre pour personne et s'était toujours montré particulièrement désagréable à son égard, désarma à peu près ce jour-là.

« Mme Stoltz, disait-il dans un feuilleton des *Débats*, a bien
« joué et chanté la dernière scène, très difficile, mais drama-
« tiquement conçue. Ce rôle est un de ceux qui lui feront
« honneur. Sa voix qui, je ne sais pourquoi, n'a pas son
« éclat ordinaire dans les premières scènes, reprend toute sa
« puissance à partir de l'air du 3e acte, sans en rien perdre
« jusqu'à la fin. »

Pour qui passait alors sous la férule du célèbre auteur de *la Damnation de Faust*, cet éloge mitigé était considéré comme un véritable dithyrambe.

Mme Stoltz était, en effet, — en même temps qu'une chanteuse de grand style, en possession d'un contralto superbe et pénétrant, — une artiste de passion, une tragédienne lyrique de premier ordre.

Le directeur d'alors de l'Opéra était Léon Pillet qui, tout féru d'admiration pour sa pensionnaire, fut plus heureux que n'avait été le roi Alphonse auprès de Léonor, et partagea avec elle « son sceptre et sa couronne »; il la protégea à un tel point qu'il avait invité tous les compositeurs à écrire pour elle tout un répertoire nouveau. Nous n'oserions dire que l'altière et jalouse souveraine ait eu, au même degré que la reine-Anne, le don de se faire aimer dans son royaume. Elle a laissé un assez méchant souvenir de sa royauté.

Elle avait, après *la Favorite*, chanté *la Reine de Chypre*, *Charles VI*, *Dom Sébastien de Portugal*, enterrement en cinq actes, *le Lazarone* d'Halévy, où elle était, dit-on, charmante au 1ᵉʳ acte, en pêcheur napolitain, et en dragon, au 2ᵉ, *Othello*, *Marie Stuart*, *l'Étoile de Séville*, avec de grands succès. Mais, pendant ce temps, elle avait amassé bien des haines. Des coulisses et du foyer des artistes, où couvait la révolte contre ses procédés despotiques, la sédition avait gagné des abonnés, les familiers de l'Académie de musique. L'orage grondait sourdement; il éclata à la première de *Robert Bruce*, qui, deux fois déjà, avait été remis au dernier moment. En présence des mauvaises dispositions du public, Mᵐᵉ Stoltz déchira en scène un mouchoir magnifiquement brodé, en laissant échapper un mot malsonnant à l'adresse des spectateurs.

Bien entendu, il y eut un brouhaha dans la salle. L'artiste dut quitter la scène. Le rideau tomba et ne se releva que pour présenter le régisseur qui vint annoncer la résiliation de l'engagement de Mᵐᵉ Stoltz.

Du coup, la trop irascible grande artiste perdit sa couronne, et en même temps elle entraîna son roi dans sa chute. C'en était fait de la direction Pillet-Stoltz.

M. Pillet se retirait, cédant son privilège à MM. Duponchel et Nestor Roqueplan, laissant 400,000 francs de dettes, que MM. Duponchel et Roqueplan prenaient à leur charge.

Cependant, comme tout s'oublie en France, sept ans s'étant passés depuis la révolution de *Robert Bruce*, Mᵐᵉ Stoltz reparut à l'Opéra dans *la Favorite*, où elle retrouva son triomphe d'autrefois et y chanta jusqu'en 1856, comme nous l'avons dit.

Depuis, elle a beaucoup voyagé, en Autriche surtout, et en

France, est devenue baronne et a, parait-il, encore le petit mot pour pleurer sur ses anciens camarades, même les plus célèbres. On la rencontre quelquefois, à pied, très voilée, cherchant des appartements, car elle a la réputation de prendre, presque autant que Mme Augustine Brohan, un vif plaisir aux déménagements.

On a prétendu qu'elle s'était adonnée au mysticisme le plus avancé et avait publié, sous le titre de *Dictées spirites*, un volume écrit sous la dictée même de Marie-Antoinette.

Mais c'est un simple potin. La Reine-Martyre, on s'en doute bien, ne lui a rien dicté du tout.

DISDÉRI

Qui se souvient aujourd'hui de ce météore éteint ! C'était le beau temps de la photographie qui, depuis... Mais, alors on répandait à foison, parmi tous ceux qui émargent au budget les portraits-cartes du souverain et de sa famille, et l'on sait qu'en France, à raison d'un exemplaire par fonctionnaire, un pareil tirage atteint des nombres auprès desquels les éditions du *Maître de forges*, innombrables jusqu'à l'incohérence, ne sont qu'une quantité négligeable.

Aussi l'or arrivait-il à la maison à pleins chariots.

Malheureusement, au lieu de faire l'utile dépense d'un coffre-fort Fichet pour l'y enfermer, Disdéri, très amateur de bibelots, avait sans doute acheté chez un brocanteur un tonneau qui se trouva être celui des Danaïdes, repêché dans le lit du Tartare desséché.

Ah ! la vie était douce et luxueuse ! A la ville et aux champs, hospitalité magnifique et très cordiale ; les écuries et les remises de Maisons-Laffite étaient renommées...

Mais ce satané tonneau...

Bref, on retrouve à présent Disdéri à Nice ; ajoutons qu'il y exerce avec grand succès son métier de photographe, une riche clientèle lui étant restée fidèle.

N'allez pas croire au moins que la photographie absorbe toutes les facultés de ce puissant cerveau ! Non ; mille projets, mille spéculations artistiques, humanitaires, financières, mijotent dans son esprit, véritable cuve d'où les idées sortent ensuite à point ou s'y consomment et sont aussitôt remplacées par d'autres. Aujourd'hui il s'occupe de questions d'art spéciales au théâtre; demain, de problèmes économiques, puis de calculs des probabilités.

Il aurait voulu créer, l'hiver dernier, un spectacle à l'usage des enfants, qu'il devait baptiser les *Soirées Disdéri*. Prestidigitation, chant (principalement les chansons du bon vieux temps), projections servant à enseigner la géographie et l'histoire des peuples; pendant l'entr'acte, distribution de jouets et de bonbons aux enfants; le tout pour une somme des plus modiques; nous croyons même nous rappeler que les parents devaient recevoir un livret de caisse d'épargne. C'était vraiment trop beau et la fatalité se mit en travers de ce projet.

La goutte, l'horrible goutte, à intervalles rapprochés, cloue, en effet, le pauvre Disdéri sur un lit de douleur, et il n'y a ni colchique, ni liqueur Laville, capable d'en abréger l'accès. Au moment de se mettre à l'œuvre, l'attaque arriva et adieu les *Soirées Disdéri*.

Mais, toujours tourmenté du démon de l'invention, même pendant la souffrance, il se livra alors à une étude très ardue d'un système de trente et quarante dont l'efficacité, à l'en croire, n'est pas douteuse.

Monte-Carlo n'a qu'à bien se tenir!

Avec une entrée de jeu de cinq mille francs, chaque main rentrée donne un gain de 25 francs. On peut perdre quinze ou vingt fois de suite sans sauter, et tout rattraper sur le coup de gain qui suit cette série de pertes. Ne me demandez pas la recette. Si vous avez les cinq mille francs nécessaires comme mise de banque, adressez-vous à... Moi, à votre place, je m'adresserais à un agent de change pour m'acheter du Nord et de l'Orléans. Mais rien n'égale la superbe confiance de Disdéri dans son calcul, — comme cela a lieu du reste, chez tous les trouveurs de systèmes, — quand il vous dit ; — « Les coups que je *perds*, c'est de l'argent que je *prête* à la banque! »

Autre chose plus sérieuse. Il doit soumettre prochainement à l'examen de la Chambre un nouveau projet d'impôt moyennant lequel tout citoyen, à l'âge de soixante-cinq ans, aura une rente annuelle de 1,200 francs. Il suffit pour cela, d'après son système, que les vingt millions de Français, de vingt à soixante-cinq ans, payent une cotisation mensuelle de un franc, soit douze francs par an. Ce n'est pas plus malin que ça. Et alors, en étendant ce système, plus jamais de déficit! Voilà qui serait nouveau.

Et quand tout le monde aura douze cents francs de rente ?...

Cela rappelle un spirituel dessin de Cham en 1848, à propos du partage qui devait donner à chacun six francs à dépenser par jour.

Un homme arrive à la porte d'un boulanger :

— Boulanger, j'ai six francs à dépenser par jour ; donne-moi du pain !

— Moi aussi, j'ai six francs à dépenser par jour ; et je ne fais plus de pain !

— Eh bien, qu'est-ce que tu veux que je mange ?

— Mange tes six francs !...

Les années qui s'accumulent sur la tête chauve de Disdéri ont blanchi la barbe du photographe calculateur, mais elles n'ont pas réussi, même en s'adjoignant la goutte, à entamer la gaieté et l'activité de son esprit. C'est un goutteux de belle humeur, et l'un des plus agissants que l'on ait connus.

AUGUSTE MABILLE

Tout ce qui, pendant un demi-siècle, fut mêlé à la vie de plaisir, c'est-à-dire tout le monde, est évoqué par ce nom. Princes, ducs, marquis, non seulement de France, mais du monde entier, gens de la politique et de la finance, artistes, étudiants et calicots, la bicherie de haut parage et la cocotterie bohème, de grandes et honnestes dames et toute une légion de danseurs et de danseuses excentriques élevant jusqu'au sublime l'art des déhanchements pittoresques et de l'acrobatie chorégraphique, tout a passé dans le jardin féerique, avec sa perspective en trompe-l'œil, et sa rotonde entourée de palmiers en zinc où se sont trémoussées tant de générations gaies, entraînées dans des danses échevelées par Pilodo et par Métra.

Le père Mabille avait fondé cet établissement en 1834. Il avait trois fils, Charles, Victor et Auguste. Les deux premiers succédèrent à leur père dans la direction de l'affaire.

Auguste — celui qui nous occupe — était entré à vingt ans à l'Opéra, sous la direction Véron. Cela remonte à 1835.

C'est lui qui composa *Nérida ou les Amazones des Açores*, ballet en deux actes, qui fut donné le 20 août 1848; puis *l'Apparition*; le divertissement du *Prophète*, sous la direction Duponchel et Roqueplan, fut réglé par lui.

Il passa ensuite à la Porte-Saint-Martin, Marc Fournier

regnante, et y créa les divertissements dans la *Grâce de Dieu* et le *Bossu*.

Entre temps, avait été ouvert un nouveau bal en haut des Champs-Élysées, connu sous le nom de Château des Fleurs.

Victor le dirigea, laissant son frère Charles à l'avenue Montaigne. Celui-ci mourut, et Victor revint prendre sa place. Auguste, lui, était alors pensionnaire de la Porte-Saint-Martin. Le pauvre Victor mourut aussi. C'était un poète délicat : il a écrit un petit volume charmant, plein d'esprit, intitulé : *les Cigarettes*, qui fut fort apprécié à l'époque de sa publication.

Auguste dut donc prendre la direction laissée inoccupée par ce double deuil.

Grâce à ses efforts, à ses façons, à son habileté, le Jardin Mabille devint de plus en plus le rendez-vous de la société élégante et des jeunes hommes en renom dans le monde, la littérature et les arts. L'orchestre était composé de musiciens de talent et dirigé par des maîtres. C'est là que Métra a commencé sa réputation avec sa célèbre *Valse des Roses*. La plupart de ses plus heureuses compositions datent de cette époque.

La vogue du Jardin Mabille était telle que les grandes mondaines, poussées par la curiosité, avaient réussi à s'y faire conduire par leurs maris, et il n'était pas rare de voir là marquise de*** et la comtesse de*** se croiser, dans l'allée circulaire, avec Rose Pompon, Rosalba, Fille de l'air, etc., qui étaient les noms — au moins plus euphoniques — des *Goulues* et des *Grilles d'Égout* de ce temps-là. Les gens d'esprit y étaient en nombre, Arsène Houssaye, Théodore de Banville, Aurélien Scholl, Albert Wolff, Xavier Aubryet, et tant et tant d'autres.

Il y avait le *grand jour :* c'était le samedi. Ce jour-là il était d'usage chez les gens tant soit peu *pschutteux* — on disait *chic*, à ce moment-là, — d'aller y finir la soirée en sortant du Cirque.

Mais le véritable grand jour, le jour de gala, c'était à l'occasion du Grand Prix. Ce qu'il se consommait de champagne pendant la nuit qui suivait la grande épreuve sportive, on ne saurait le dire. Cela se terminait en général par des boxes formidables, des nez écrasés et des yeux au beurre noir. La fête était complète.

En 1867, pendant l'Exposition, Napoléon III et l'Empereur de Russie y vinrent *incognito*. Malgré toutes les précautions prises par les deux souverains pour n'être pas reconnus, ils le furent à l'entrée, par les trois contrôleurs, trois anciens militaires qui se levèrent et saluèrent les deux Empereurs fort contrariés sans doute de leur gênante notoriété.

Le bail du jardin étant arrivé à sa fin, l'établissement dut fermer ses portes. Adieu Mabille! Les ombres de Pomaré, Maria, Clara sont venues, bien des nuits, traînant des voiles de deuil, errer sur les décombres. Les terrains ont été vendus — quatre millions, s'il vous plaît. — à la *Nationale* qui y a fait construire de grands immeubles.

Auguste Mabille vit maintenant tout près du bois de Boulogne dont la verdure lui rappelle vaguement celle que l'hiver impuissant ne décolorait jamais, des grands palmiers de son jardin si regretté.

MASSOL

Il a aujourd'hui quatre-vingt-cinq ans.

En sortant du Conservatoire, il eut l'honneur d'être le seul élève admis à la solennité du sacre de Charles X, à Reims.

Il est un des derniers survivants de la création des *Huguenots*, en 1836.

Ses rôles principaux à l'Opéra ont été : Licinius de la *Vestale*, dans lequel il débuta ; Palinis d'*Œdipe à Colonne*, Mocenigo de la *Reine de Chypre*, l'homme de la forêt du Mans de *Charles VI*, le héraut de *Robert le Diable*, Quasimodo, de *Notre-Dame de Paris*, Sévère des *Martyrs* de Donizetti et le *Juif Errant* d'Halévy.

Le lendemain de la première de *Fernand Cortès*, Spontini lui envoya son portrait avec cette dédicace :

Je te salue, vaillant Fernand Cortès ! — A Massol.

SPONTINI.

Massol était ténor au commencement de sa carrière. Sa voix changea et il devint baryton.

Il donna de belles représentations à Londres où l'Opéra alla le rechercher pour créer l'*Enfant prodigue ;* son retour fut très fêté.

Sa représentation de retraite a laissé les souvenirs les plus émouvants.

Elle eût lieu à l'Opéra, le 14 janvier 1858, le jour de l'attentat d'Orsini.

L'Empereur, qui aimait beaucoup Massol, avait tenu à assister à cette soirée.

On devine qu'après la terrible émotion que causait ce crime sanglant, le spectacle était moins sur la scène que dans la salle, où l'Empereur et l'Impératrice, miraculeusement échappés à la mort, avaient, avec un rare sang froid, pris place dans leur loge.

A la première bombe, on avait cru à une explosion de gaz ; à la seconde détonation, toutes les portes furent fermées, fort heureusement, et les spectateurs ne purent aller grossir le nombre des victimes.

Quelques jours plus tard, M. Piétri, préfet de police, offrait à Massol une des bombes, qui n'avait pas éclaté. C'étaient, on le sait, de petites bombes à quatre percuteurs, qui pouvaient facilement être lancées à la main.

Le vieil artiste conserve ce souvenir tragique sur lequel est gravée la légende suivante : *Bombe Orsini jetée dans la voiture de Napoléon III, devant la porte de l'Opéra, le 14 janvier 1858, le jour de la représentation de retraite de M. Massol.*

Chose étrange ! Le spectacle, pour cette soirée, se composait de :

1° *Guillaume Tell* (acte de la conjuration);

2° 5° acte de *Marie Stuart* (quand elle marche à la mort);

3° Le bal masqué — *Gustave III* — (l'acte où l'on assassine le roi).

Cette représentation rapporta 25,000 francs à Massol, chiffre énorme pour ce temps et dans l'ancienne salle.

Cet artiste de talent, ce galant homme avait un défaut: Le

temple de la rue Le Peletier ne lui suffisait plus ; celui de la Bourse exerçait sur lui une attraction fatale; il y apporta la plus grande partie de ce que l'autre lui fournissait; il était gogo, spéculateur, *gobeur* de combinaisons boursicotières dans lesquelles il laissa le plus net de sa fortune.

Depuis la guerre, il n'a pas mis les pieds à la Bourse. Cependant, il lui est arrivé tout récemment de demander à sa femme de l'y conduire. Hélas! sa santé ne lui permet même plus de descendre de son appartement de l'avenue de Villiers.

Il y a deux ans, sa voix était belle encore ; à un repas de noces où on le priait de chanter, il dit un couplet de la *Marseillaise* avec un brio et une chaleur qui entraînèrent tous les auditeurs et les émurent profondément.

MADAME DORUS GRAS

Le jour du vernissage nous l'avons aperçue, comme à chaque ouverture du Salon, du reste, arpentant gaillardement les salles, malgré ses soixante-quatorze ans, et s'arrêtant longtemps devant quelques toiles sur lesquelles elle s'exprimait en termes qui annonçaient un goût artistique très fin et expérimenté.

Mme Dorus Gras est, en effet, une assidue des expositions de peinture; pour tout l'or du monde, elle ne quitterait Paris pour sa belle villa d'Étretat avant l'ouverture du Salon; c'est sa date fixe de déplacement de villégiature, comme le Grand Prix est le signal du départ du high life parisien et cosmopolite.

A Étretat, sa propriété est voisine de celles de son frère et de Faure.

Il y a tantôt une quarantaine d'années qu'elle a disparu du monde musical; la surdité l'a obligée à quitter l'Opéra en plein succès, dans toute la force de son talent, dans tout l'épanouissement de sa jeune maturité, à trente-trois ans. Elle parut pour la dernière fois, devant le public, dans *Marie Stuart*.

Elle avait débuté avec éclat à dix-sept ans, le 13 décembre 1830, dans le rôle de la Comtesse, du *Comte Ory*.

Depuis, elle fut la Térésina du *Philtre*, l'Alice de *Robert le Diable*, la Reine des *Huguenots*, l'Eudoxie de la *Juive*, l'Elvire de *Don Juan*; chacune de ses créations lui valut les louanges des critiques les plus sévères, et son nom est inséparable de ceux des grands artistes qui ont élevé si haut le renom de l'Académie, alors royale, de musique : Nourrit, Duprez, Levasseur, Mmes Stoltz, Nau, admirable ensemble de talents, que l'on n'a plus retrouvé.

Elle avait épousé un très bon musicien de l'orchestre de l'Opéra, M. Gras, flûtiste exécutant de première force.

Tout dernièrement, comme on parlait devant elle de la mémorable soirée de la première de *Robert le Diable*, où elle avait remporté un immense succès, elle rappela les péripéties diverses qui avaient traversé la représentation et semblaient une fatalité déchaînée pour empêcher la réussite de ce chef-d'œuvre.

D'abord, ce fut un arbre armé d'échelons et portant des quinquets, qui tomba du côté *jardin* en travers de l'avant-scène; le chœur, heureusement, n'était pas scène, et il n'y eut pas de malheurs; Mme Dorus-Alice occupait seule le théâtre, et le bon génie qui la protège dans le drame l'avait, justement à ce moment, fait passer du côté *cour*.

Puis, au troisième acte, un nuage tomba de toute la hauteur des frises; comme il n'était pas fait des vapeurs de la terre, mais d'une solide armature de fer et de charpentes, il manqua briser les jambes de Mme Taglioni, qui, Dieu merci, put se sauver à temps.

Enfin, au dénouement, lorsque Bertram s'engouffre dans les enfers, Nourrit fit une cabriole et s'engloutit lui-même dans la trappe; Mme Dorus faillit bien y dégringoler aussi, ce qui eût modifié du tout au tout, pour le public, la moralité de cette histoire, et jeté un doute regrettable sur la puissance de l'Esprit du bien.

Mme Dorus touchait à cette époque 45,000 francs d'appointements. Elle n'a pas fait d'élèves autres que sa nièce, fille de Dorus, le célèbre flûtiste, et femme de M. Rubaud, le violoncelliste solo de l'Opéra et professeur au Conservatoire.

La très gracieuse comtesse Ory de 1830 est aujourd'hui une bonne vieille dame un peu voûtée, mais de très bonne mine, d'une merveilleuse santé, qui vit heureuse dans une famille où elle est choyée et honorée.

M. BOITTELLE

Ce modèle des préfets de police avait débuté dans l'armée. En 1835, il était officier de lanciers.

En 1852, il fut sous-préfet de Saint-Quentin, puis préfet de l'Aisne et de l'Yonne.

Après l'attentat d'Orsini, en janvier 1858, il fut appelé à la Préfecture de police qu'il quitta en 1866 pour entrer au Sénat.

Quatre ans auparavant, au 15 août, l'Empereur l'avait promu grand officier de la Légion d'honneur.

M. Boittelle était un homme très énergique, très dévoué à la famille impériale, et ayant un sentiment très élevé de ses devoirs et de son immense responsabilité. Pendant les huit années qu'il a occupé ce poste important, aucun trouble ne s'est produit à Paris, aucune grève, aucun complot, aucune tentative contre l'Empereur.

Chose qui nous semblera bien étrange aujourd'hui : les habitants pouvaient circuler sans armes ; la sécurité de la rue était assurée; les personnes obligées de s'aventurer la nuit à travers Paris pouvaient courir cette aventure sans faire au préalable leur testament, et — ce qui semble bien plus encore appartenir à la fiction — les criminels étaient découverts et punis.

On nous a changé tout cela.

M. Boittelle, outre qu'il était un fonctionnaire éminent, était — est encore, Dieu merci! — un parfait homme du monde, un esprit cultivé, un artiste de beaucoup de goût, expert en beaux tableaux et en œuvres d'art de toutes sortes.

L'hôtel de la rue Saint-Georges qu'occupe maintenant le journal *l'Illustration* lui appartenait.

Il y a quelques années, avant que l'État ne rachetât la ligne, il était président du chemin de fer de Châlons à Orléans.

Aujourd'hui, il a abandonné les affaires. Ses soixante-quinze ans lui donnent droit au repos.

Fervent bonapartiste, ayant conservé le souvenir de tout ce qui le rattache à la famille impériale, il ne manque pas d'affirmer ses principes, et est un des fidèles qui se font un devoir d'assister à la messe anniversaire de la mort tragique et glorieuse du Prince Impérial.

GABRIELLE ELLUINI

Il y a bien longtemps que le silence s'est fait sur cette opulente personne.

Dans sa retraite dorée, bien gagnée par un travail ardu, on nous assure qu'elle écrit ses mémoires.

Elle édifie les populations par sa piété et rend le pain bénit.

C'est ainsi qu'elles finissent toutes.

Elle fait mieux que cela, cependant : elle a la main grande ouverte pour les pauvres et rachète bien des choses par la charité. Elle passe l'été à sa campagne en Seine-et-Oise. Elle a de plus, à Paris, sur le boulevard Pereire, un hôtel sans grande apparence à l'extérieur, mais fastueusement décoré à l'intérieur et plein de belles choses et de riches bibelots.

Ses débuts ont été modestes ; elle était une vague petite comédienne, jouant de vagues utilités dans un vague théâtricule qui s'appelait les Folies-Marigny.

Comme comédienne, elle était blanche, potelée, avait la jambe bien prise, de belles dents, un joli rire et une abondante chevelure. Cela vaut mieux qu'un prix au Conservatoire. Cependant, lorsqu'on peut avoir les deux...

Ce ne fut certainement pas Montrouge, ni les autres directeurs des Folies-Marigny qui l'aidèrent beaucoup à faire fortune ; mais elle alla à Rio-Janeiro où les Brésiliens l'accueillirent chaleureusement et lui chargèrent tellement ses malles de lingots et de diamants, qu'elle eût, au retour, pour des milliers de francs d'excédent de bagages.

Rentrée en France, les financiers continuèrent l'œuvre des Brésiliens. Que leurs actionnaires s'en soient réjouis, nous ne l'affirmerions pas.

Elle appartint pendant quelque temps au Vaudeville où elle montrait de fort jolies jambes dans une revue de Clairville et d'Abraham Dreyfus, la seule qu'ait jouée ce théâtre depuis son installation à la chaussée d'Antin.

Elle menait grand train alors ; le tour du lac était son véritable théâtre, bien plus que le chimérique Vaudeville ; elle avait de beaux chevaux, jusqu'à douze, dans des écuries coquettes et soignées comme un boudoir.

Nous n'oserions jurer que cette élégante de grande marque n'eût jamais à la bouche que des noms d'oiseaux, et qu'elle n'abusât, même un peu plus que de raison, du saint nom de Dieu. Mais le bon Dieu est au-dessus de cela.

Elle a voulu tâter du mariage et n'y a pas réussi. Elle a eu le tort, à ce moment, de raconter son histoire au public, et d'aggraver cette confidence de mauvais goût en tentant de jeter du discrédit sur les performances de son mari, ce qui était une action assez noire, car, s'il ne lui plaisait pas, elle aurait pu, du moins, s'abstenir d'en dégoûter les autres.

N'allez pas croire que le grand art lui soit étranger. Elle a étonné les populations en chantant à l'Atheneum de Nice... Devinez !... L'*Ave Maria* de Gounod !...

Oui, madame ! Parfaitement, monsieur, l'*Ave Maria !*...

Elle a été couverte de fleurs.

Aujourd'hui, Mlle Gabrielle Elluini, dont le divorce a été prononcé par le tribunal de Versailles, ne fait plus partie du monde où l'on s'amuse; elle est entrée dans celui où l'on s'ennuie.

En passant dernièrement devant son hôtel, nous avons aperçu l'écriteau que voici :

A LOUER DE SUITE

Écurie pour dix chevaux

Remise pour douze voitures.

Humilité, modestie, sagesse, esprit de sacrifice!... Adieu les pompes et les œuvres de Satan. Il s'agit maintenant de faire son salut. Ce sera un peu dur. Saint Pierre a reçu une consigne sévère; mais il y a des jours où le bon Dieu lève les punitions.

ISMAIL PACHA

L'ex-khédive, le Louis XIV de l'Égypte, comme on l'appelait, habite Naples et Rome depuis son abdication en 1879. Le séjour de Constantinople lui ayant été interdit à cette époque, il vint atterrir à Naples sur un navire égyptien.

Le roi Humbert, en souvenir de l'amitié qu'avait son père, le roi Victor-Emmanuel, pour ce prince, maintenant détrôné, mit à sa diposition le magnifique palais de la *Favorite,* qui avait appartenu à Charles III.

A Rome, Ismaïl Pacha a loué, à raison de 35,000 francs par an, la villa Taffner, qui a l'aspect d'un palais.

En bon mahométan, il n'avait pas manqué d'emmener avec lui son harem et de l'installer à Naples.

Mais, comment cela se fit-il? Deux d'entre ces belles filles disparurent un beau jour.

La douleur du pacha fut navrante. On eût dit qu'il avait perdu son tigre de Nubie.

Qu'on se rassure, cependant; il n'est pas absolument voué au célibat pour cela.

Est-ce à la suite de ce chagrin que le khédive a été assez malade pour qu'une consultation de médecins ait dû avoir lieu à la villa Taffner? Nous ne le pensons pas.

Il a été, dit-on, question d'albuminurie; c'est plus vraisemblable.

Ismaïl Pacha aura laissé à l'Égypte de grands souvenirs de sa vice-royauté; il a fait pour son pays des œuvres qui illustrent un règne et donnent la célébrité à un nom. On n'a pas oublié que le canal de Suez, une des plus grandes œuvres du siècle, sinon la plus grande, a été inauguré sous son khédivat, l'on sait avec quel éclat ; la création d'un tribunal international siégeant à Alexandrie, d'une société de géographie, l'introduction du calendrier grégorien, la construction du pont qui relie les deux branches du Nil, le chemin de fer, le magnifique théâtre du Caire où fut représenté *Aïda* dont Verdi se fit payer la partition 230,000 francs et où tant d'artistes français ont été fêtés, tout cela fut dû à son initiative et à sa haute intelligence.

A propos d'*Aïda*, sait-on ce qui fut dépensé pour monter cet opéra, véritable chef-d'œuvre de mise en scène ?

TROIS CENT VINGT-CINQ MILLE FRANCS !...

Ismaïl Pacha a surtout aimé la France, et il est toujours entouré de Français. En ce temps-là, l'influence française était dominante en Égypte ; depuis, les choses, hélas ! ont changé de tout en tout. Mais alors, à la cour du vice-roi, les Français faisaient grande figure ; sa maison en était pleine, depuis les médecins, les secrétaires, jusqu'à la domesticité.

Quand il quitta le pouvoir, ses propriétés furent évaluées à plus de cent cinquante millions. Il y a de quoi adoucir les tristesses de l'exil.

Il a eu douze enfants : sept fils et cinq filles.

Une d'elles avait épousé son neveu Ibrahim-Achmet ; elle mourut quelque temps avant l'abdication de son père.

Pendant la guerre turco-russe, Hassan Pacha, son troisième fils, commandait une division en Bulgarie. Il a fait aussi la campagne du Soudan.

Un autre, Hussein Pacha, a été ministre des finances.

Ismaïl Pacha a aujourd'hui cinquante-sept ans.

MADAME EUGÉNIE DOCHE

Il y a longtemps, bien longtemps que Mme Doche a disparu, de son plein gré, alors qu'elle eût pu aborder encore avec talent certains emplois de théâtre.

Elle est Belge, née à Bruxelles à une époque dont nous n'avons pas eu l'indiscrétion de nous informer. Nous savons cependant qu'elle créa au Vaudeville, avec Félix — un disparu pour de bon, celui-là, — la *Polka en province*, pièce toute d'actualité, donnée à l'époque où cette danse venait d'être importée en France.

Et ce n'était pas là son début.

Mais qu'importe cela ?

Mme Doche doit, nous en sommes persuadé, mettre une certaine coquetterie à avouer son âge. Il y a bien peu de temps encore, elle assistait à toutes les premières, et bien hardi eût été celui qui eût mis sur cette femme élancée, sans affaissement et toujours très élégante d'ensemble, un millésime de vingt ans seulement plus jeune que celui de son acte de naissance.

Elle débuta au Vaudeville et fut ensuite tour à tour pensionnaire du Gymnase, de la Gaîté, de l'Odéon.

Après *Louise de Nanteuil*, son plus beau rôle a été celui de la *Dame aux Camélias*, rôle qu'elle joua à la place de Mlle Fargueil à laquelle il était destiné. La pièce, on le sait, eut de longs combats à soutenir contre la censure; pendant plus d'un an, il fallut lutter, manœuvrer, solliciter.

Écœuré, découragé, M. Alexandre Dumas fils eût peut-être abandonné la partie; Mme Doche mit une telle énergie, une telle persistance dans ses démarches, elle employa tant d'amis influents, que l'autorisation fut enfin arrachée au ministre. Si elle eut une grande part dans le sauvetage d'un pareil chef-d'œuvre, elle fut bien récompensée par le succès immense qu'elle obtint:

Voici les lignes élogieuses que lui consacre M. Alexandre Dumas fils, dans la première édition de son drame :

« Mme Doche a incarné le rôle de telle façon que son nom est
« à jamais inséparable du titre de la pièce. Il fallait toute la
« distinction, toute la grâce, toute la fantaisie qu'elle a mon-
« trées sans effort pour que le type difficile et rare de Margue-
« rite Gautier fût accepté sans discussion. Rien qu'en voyant
« paraître l'actrice, le spectateur s'est senti prêt à tout
« pardonner à l'héroïne. Je ne crois pas qu'une autre per-
« sonne, à quelque théâtre qu'elle appartînt et quelque talent
« qu'elle eût, aurait pu, comme elle, réunir toutes les sym-
« pathies autour de cette nouvelle création. Gaieté fine, élé-
« gante, nerveuse, abandon familier, câlinerie mélancolique,
« dévouement, passion, résignation, douleur, extase, sérénité,
« pudeur dans la mort, rien ne lui a manqué, sans compter
« la jeunesse, l'éclat, la beauté, le brio qui devaient com-
« pléter le rôle et qui en sont le corps et la plastique indis-
« pensables. Il n'y a pas eu un conseil à lui donner, pas une
« observation à lui faire; c'est au point qu'en jouant le rôle
« de cette façon, elle avait l'air de l'avoir écrit. Une pareille
« artiste n'est plus un interprète, c'est un collaborateur. »

Plus tard, on l'engagea à l'Odéon pour créer un rôle important dans les *Parasites*, de M. Ernest Rasetti; puis dans la *Contagion*, d'Émile Augier.

Elle joua aussi à ce même Odéon le *Petit Marquis* de M. Coppée, *Cendrillon* de Barrière, et reprit le rôle de la douairière du *Marquis de Villemer*.

Une des dernières fois qu'on la vit au théâtre, ce fut à Bruxelles, dans les *Bourgeois de Pont-Arcy* de M. Victorien Sardou.

Cependant, nous croyons que c'est à Paris qu'elle a chanté son chant du cygne, dans une représentation donnée au théâtre des Nations, sous la direction du pauvre Bertrand; elle joua l'Elmire de *Tartuffe*, avec M. Dumaine.

Aujourd'hui, Mme Doche est retirée dans un bel appartement de la rue Picot, un des aboutissants de l'avenue du Bois-de-Boulogne, près de l'hôtel de sa sœur, Mme Dalloz, qui habite la villa Saïd, sur la même avenue.

L'installation est luxueuse, il est inutile de le dire; mais ce n'est pas le temple du chiffon, du froufrou, de la dentelle et du capiton. Mme Doche est une studieuse; personne, plus qu'elle, ne se tient au courant du mouvement littéraire et artistique; elle possède une très belle bibliothèque, est excellente musicienne, lit tout, le livre qui vient d'être mis en vente, la partition d'hier; elle montre parfois aux intimes une collection d'autographes bien précieuse, où figure tout ce qui a eu un nom depuis beaucoup d'années.

Encore a-t-elle la discrétion de n'en montrer qu'une partie, car il y a, paraît-il, certains albums renfermés en des tiroirs secrets, dont la divulgation pourrait bien faire autant de tapage dans le Landerneau politique, financier, artistique, littéraire, dans tout Landerneau, enfin, qu'en fit le furetage ans les petits papiers des Tuileries.

LA BARONNE DE KAULLA

— Vous savez sans doute quelle est la femme qui sort d'ici et que vous venez de croiser? demandait dernièrement à un de nos amis M° X..., l'avoué bien connu de la rue Richelieu.
— Pas du tout!..
— Comment! vous! un *Tout Paris!*... Eh bien! c'est la fameuse Mme de Kaulla, dont on a tant parlé, il y a quatre ans, et qui aujourd'hui est divorcée, comme beaucoup d'autres.

Qu'il nous soit permis de faire réapparaître cette *disparue* devant le public.

Nous n'avons certes pas l'intention de réveiller les échos d'un procès misérable où l'on tenta de flétrir tout un passé d'honneur, mais la femme qui y fut mêlée, et dont la légende a fait une nature démoniaque, conduisant les plus noirs complots, est, en somme, une figure de relief qui a passé tapageusement parmi nous et qui appartient aux annales parisiennes.

Bien qu'on l'ait dite Autrichienne, puis Prussienne, Mme de Kaulla est Bavaroise ; elle vint à Paris à l'âge de quinze ans.

Non point absolument belle, selon les exigences de l'esthétique, mais physionomie attrayante, fine, intelligente, elle avait des yeux, à volonté doux, mélancoliques, ardents, passionnés, dont le regard, plein d'effluves, enveloppait et subjuguait.

Nous parlons au passé, car Mme de Kaulla porte une moitié de siècle sur ses épaules, un peu fatiguées de ce fardeau.

Très instruite, sachant toutes les langues connues, ambitieuse, adroite, spirituelle à toute heure, ayant un besoin immodéré d'agitations, d'intrigues, d'un esprit ingénieux et retors, sa petite tête à l'évent renfermait parfois des trésors de sagesse. Il fallait bien qu'elle eût une réelle supériorité, pour que les hommes marquants du monde politique européen aient eu la curiosité de la connaître et, l'ayant vue une fois, aient été aussi assidus dans son salon.

Elle habita longtemps la Russie qu'elle quitta en 1875, après avoir tenu pendant une année à Saint-Pétersbourg un magasin de modes qui fut, affirme-t-elle, « une fantaisie désastreuse ».

Naturellement, elle eut le culte de la vie élégante à grandes guides; avide de millions; tripoteuse d'affaires jusqu'à mettre sur pied tout le monde gouvernemental russe, elle eut surtout l'ambition des grandes relations ; elle plaçait son orgueil à être vue publiquement reconduite à sa voiture au bras d'un haut personnage. C'est ce qui coûta si cher au brave et honorable général de C... qui, imprudemment, l'accompagna trop, et que l'on accusa de jouer les coqs à un âge un peu bien avancé.

Pauvre général! Mme de Kaulla n'était pas femme à accorder d'attention à quelque homme que ce fût qui, comme elle le disait, « prenait ses aspirations pour des expressions » !

Aujourd'hui, Mme de Kaulla, qui personnifie le mouvement perpétuel, voyage ici, là, partout. Ses affaires seules la retiennent à Paris. On la rencontre souvent dans le cabinet d'un avoué où, il y a quelque temps encore, on voyait accroché, en bonne lumière, un beau portrait d'elle qui la représentait, étendue sur un divan, passablement décolletée, et dans une pose abandonnée contrastant quelque peu avec l'austérité de ce temple du Code.

M. MARTEL

Il a si complètement disparu que la plupart des gens en général bien informés croient qu'il a réglé ses derniers comptes avec la vie.

Dieu merci pour sa famille et ses amis, M. Martel ne lui a pas encore dit adieu.

Mais sa santé précaire ne lui permet guère de quitter sa propriété de Novarre, près d'Évreux, où il vit très retiré, en compagnie d'une sœur de Charité. A peine le voit-on, à de longs intervalles, au palais du Luxembourg; généralement il n'y vient que pour toucher son indemnité de sénateur.

Depuis qu'il a donné sa démission de président, il n'assiste plus aux séances. Les fatigues de la vie politique l'ont condamné à un repos absolu.

Au mois de février 1886, il lui est arrivé un accident qui, heureusement, n'a pas eu de suites graves. Les chevaux de son landau, effrayés à la vue d'un cadavre de cheval étendu sur la route d'Évreux, brisèrent la voiture et s'emportèrent, traînant derrière eux l'avant-train.

M. Martel en fut quitte pour quelques contusions au visage et put rentrer à pied à Novarre.

On sait que M. Martel, avant d'arriver à la présidence du Sénat, a été président de la Commission des grâces. Il apporta dans cette délicate fonction un esprit de justice et de conciliation que ses adversaires mêmes furent unanimes à constater, et que l'on retrouve, du reste, dans tous ses actes

Député sous l'Empire, ministre sous la République, la presse ne peut oublier qu'il est l'auteur d'un amendement tendant à substituer le régime judiciaire au régime administratif.

La dernière fois qu'il occupa le fauteuil présidentiel, c'était à Versailles, le 18 juin 1879, à cette fameuse séance où fut voté le retour des Chambres à Paris.

LE GÉNÉRAL LE FLO

L'ancien ambassadeur de France en Russie, à tout jamais rentré dans la vie privée, s'est retiré dans le Finistère où il est né et habite au château de Néethoet, près de Morlaix en Ploujean.

Sorti de Saint-Cyr en 1825, il était général en 1848 ; ses services très brillants en Afrique, particulièrement à la prise de Constantine, sous les yeux de Lamoricière, bon juge en vaillance et en talents militaires, lui avaient valu cet avancement rapide. Il fut élu, en 1848, représentant à la Constituante et nommé questeur par l'Assemblée. Arrêté et expulsé de France au coup d'État, il rentra en 1857 ; depuis quelques années déjà, il lui était servi une pension de retraite de 4,000 francs. Les événements de 1870 le rappelèrent à l'activité : le 5 septembre, le ministère de la guerre lui fut confié et il le conserva pendant le siège de Paris, bien qu'il ne s'entendît guère avec le général Trochu, ni avec le brave Ducrot qui ne partageait pas ses illusions sur la valeur de la garde nationale. Il occupa depuis de hautes fonctions diplomatiques : celles de ministre plénipotentiaire d'abord, puis celles d'ambassadeur de la République française auprès du Tsar qui l'honorait d'une amitié toute particulière et lui en donna une preuve dont la France conserve un souvenir reconnaissant.

C'était en 1874, au moment où l'Allemagne nous cherchait une guerre d'Allemand et avait trouvé un *casus belli*.

Le général Le Flô, ayant reçu de notre ministre des affaires étrangères une dépêche qui lui annonçait la gravité des événements, se rendit immédiatement au palais de l'Empereur et, malgré l'heure matinale, put être introduit auprès du Tsar, encore au lit.

Quelques instants après, l'Empereur Alexandre, mis au courant de la situation, promettait d'intervenir, le télégraphe jouait et la mobilisation de l'armée allemande était arrêtée le même jour.

Maintenant qu'il a abandonné la vie publique, on lui a offert tous les mandats possibles; il les a tous repoussés.

Le Sénat l'a laissé froid et la députation insensible. On lui a proposé le conseil général et même le conseil municipal de sa commune; à tous il a répondu : « Donnez-moi la paix. »

— Plus de musique... Plus de bohème... murmurait Murger mourant.

Le général Le Flô, à l'heure où l'on revit avec ses souvenirs, ne veut pas se laisser arracher à son recueillement, et se dit sans doute :

— Plus de bruit vain, de mots sonores et inutiles. Plus d'avocats ! Plus de discours !

MARIE ROZE

Un joli nom qui a eu son éclat et son parfum parisiens. Mais, depuis des années déjà, il a disparu des affiches de l'Opéra-Comique.

A peine apprenait-on que Mlle Marie Roze avait épousé un chanteur (une basse), qu'on annonçait, d'autre part, qu'elle était veuve.

Aujourd'hui elle est remariée avec M. Mapleson, fils du directeur du théâtre de Sa Majesté, à Londres.

Comme artiste, c'est à l'étranger certainement qu'elle a obtenu les plus vifs succès.

L'Amérique — la Californie particulièrement — lui a fait des ovations.

C'était, dans ses voyages artistiques, une chanteuse légère.

Maintenant, Marie Roze s'attaque aux grands ouvrages dramatiques et fait actuellement partie de la troupe de *Carl Rosa,* qui exploite la province pendant l'hiver. Elle est devenue l'étoile de l'opéra anglais et sa meilleure création a été *Carmen.*

Mais, à cette distance, il nous faut une très fine oreille pour entendre l'écho des applaudissements.

PAUL BOCAGE

Le neveu du grand artiste de ce nom.

Il avait débuté comme auteur dramatique en même temps que son ancien condisciple de Louis-le-Grand, M. Octave Feuillet, avec une pièce en collaboration : le *Grand Vieillard*, qui fut suivi d'*Échec et Mat*, toujours avec M. Feuillet.

Plus tard, au *Mousquetaire*, où Alexandre Dumas l'appelait « son premier lieutenant ».

Paul Bocage a, du reste, sa bonne part d'œuvre dans les *Mohicans de Paris*, sans compter le long rapport qu'on y peut lire sur les catacombes.

C'est que, ces catacombes, jamais Parisien ne les a connues comme lui.

Son père habitait au quartier Saint-Jacques une maison dont le puits communiquait avec elles, et Paul, enfant, avait la rage d'y descendre et de se promener les deux mains dans les poches comme si ces souterrains étaient tout simplement les caves de la maison paternelle.

Au temps où Paul Bocage, un prodigue, écrivait avec Méry et Gérard de Nerval le *Chariot d'enfant*; avec Dumas *Romulus*, qui eut plus de 100 représentations; avec Gautier et Méry *Maître Wolfram*, dont Reyer fit la musique; avec Cogniard *Janot chez les sauvages*, et enfin, avec Scholl, la *Question d'amour*, jouée au Gymnase, on le voyait régulièrement au café des Variétés, la chevelure rejetée en arrière, l'œil superbe, la narine palpitante, portant la cravate blanche et le gilet blanc avec un dandysme artistique.

Aujourd'hui, il ne prend plus le temps de s'asseoir; les cheveux blanchis au vent, la barbe grise en pointe, il s'en va fendant l'air à travers Paris, marchant, marchant toujours.

Quel directeur de théâtre aura, un de ces jours, la bonne idée de l'arrêter?

En attendant, il se frotte les mains des petits droits d'auteur que lui rapporte l'*Invitation à la valse* qui accompagne *Francillon* sur l'affiche de la Comédie française : car, bien qu'il ne soit pas nommé, Paul Bocage est, dans cette jolie comédie, le collaborateur d'Alexandre Dumas père.

Mme DE CHABRILLAN MOGADOR

> Pomaré, Maria,
> Mogador et Clara,
> A mes yeux enchantés
> Apparaissez, chastes divinités!

Il est loin le temps de cette Mogador de la chanson.

Mogador s'était métamorphosée un jour — très légitimement et très habilement — en comtesse Lionel de Chabrillan.

Habituée à la célébrité, quelle qu'elle soit, Mme de Chabrillan, après avoir perdu sa fortune, battit la caisse sur son étrange destinée et joua des cymbales avec ses noms.

Nous avons eu les *Mémoires de Céleste Mogador* (et quels mémoires!); nous eûmes les *Chercheurs d'or*, qui ouvrirent la série des pièces de théâtre de la comtesse de Chabrillan.

La comtesse et ses pièces sont oubliées. Ce n'est pas sa faute : il y a quelques années, elle a fait remettre à tous les directeurs de Paris, pour se rappeler à leur souvenir, une grande carte photographique avec la liste de ses ouvrages au-dessus de son portrait.

Elle a aujourd'hui des cheveux de neige et a conservé une énergie de figure qui lui donne, lorsqu'on la rencontre quelquefois dans le quartier Notre-Dame-de-Lorette — où elle doit habiter — l'air de la Sibylle inspirée du mont Bréda.

LE COMTE DE NIEUWERKERKE

Voilà longtemps que le comte de Nieuwerkerke n'habite plus Paris.

Un riche Américain, M. Riggs, s'est offert, pour la bagatelle de 700,000 francs, l'hôtel — une merveille architecturale — que le comte s'était fait construire rue Murillo, dans le parc Monceau, et qui renfermait un vrai musée d'armes et une admirable collection de faïences.

M. de Nieuwerkerke a encore embelli avec son goût artistique si élevé la splendide villa Gattajola, qu'il possède près de Lucca, entre Florence et Pise, et où il vit absolument seul pendant dix mois de l'année.

L'été, on le rencontre le plus souvent à Évian, sur les bords du lac de Genève; mais, en toute saison, il est bien difficile de le surprendre à Paris.

Pour dire le mot juste, le comte de Nieuwerkerke s'est strictement retiré du monde.

Songe-t-il à tous les honneurs passés, malgré lesquels, chose curieuse, il n'obtint jamais, comme statuaire, qu'une médaille de 3e classe?

Pas du tout, peut-être!

Ce grand seigneur de l'art rêve d'art sous le ciel qui a fait éclore des artistes de génie.

MARIE SASS

Aujourd'hui propriétaire en Seine-et-Oise et professeur de chant à Paris.

On sait qu'elle est née à Gand — et que son père était chef de musique.

D'abord forcée de recourir au cachet pour vivre, elle débuta aux galeries Saint-Hubert, à Bruxelles, puis vint à Paris où elle chanta au café des Ambassadeurs, au café Jacquin, au café du Géant où elle connut Mlle Agar, aujourd'hui de la Comédie française. Ce fut là que Mme Ugalde l'entendit et, comme toujours, lui offrit de lui donner des leçons.

Ses débuts au théâtre Lyrique dans les *Noces de Figaro* remontent à 1859. L'année suivante, elle entrait à l'Opéra pour chanter Alice dans *Robert le Diable*.

On la vit dans la *Juive*, le *Trouvère*, les *Vêpres siciliennes*, les *Huguenots*, le *Tannhauser*, *Don Carlos*; mais son plus grand succès fut l'*Africaine*.

Voyageuse intrépide, elle a parcouru tous les pays d'Europe au point d'en connaître toutes les langues.

Faut-il rappeler le procès qui lui fut intenté par M. Sax, le fabricant d'instruments, et à la suite duquel elle reprit son nom de famille sans altération : *Sass*?

Le portrait de Marie Sass est visible chez presque tous les éditeurs de musique, — son portrait d'autrefois, par exemple. — Il sert de prospectus à son professorat.

On sait qu'elle a épousé en 1864 un chanteur — aujourd'hui impresario à l'étranger, — M. Casan, dit Castelmary. Trois ans après elle s'en séparait.

Cela finit toujours ainsi !

STRAUSS

Nous voulons parler du vieux Strauss, de celui dont le bâton de chef d'orchestre a fait sauter la Cour et la ville, a conduit le cotillon des Tuileries et le chahut infernal des bals de l'Opéra.

Cette musique joyeuse de quadrilles et de polkas, dont il a noirci d'innombrables rames de papier à dix-huit portées, cette musique sonnait d'or pour lui. Mais, en réalité, c'est la spéculation sur les terrains de Vichy qui lui vaut le gros de sa fortune.

Strauss a la rage du bric-à-brac et de la collection, et donnerait des leçons à plus d'un expert de l'hôtel Drouot.

Aujourd'hui à Vienne, demain à Madrid, lancé sur toutes les routes, malgré son grand âge, achetant ici, revendant là, il a un domicile parisien rue de Grammont, où l'on voit un fort bel échantillon de son amour des objets d'art.

C'est Strauss qui a racheté en partie les ornements des Jésuites, quand ceux-ci durent abandonner la Suisse.

Aura-t-il l'occasion de s'offrir la même fantaisie sans quitter la France ?

M. ERNOUL

C'est le 24 mai qui mit en lumière M. Ernoul dont la réputation n'était guère sortie de la Vienne et des départements circonvoisins.

L'avocat poitevin, nommé député en 1871, remplaça sous son bras le dossier accoutumé par un portefeuille de ministre et il le tenait consciencieusement.

Légitimiste et catholique, M. Ernoul, issu d'une famille obscure d'honnêtes gens, devait à sa haute intelligence, à sa finesse, à son talent, à ses convictions nettes et fermes — que ses adversaires eux-mêmes ont toujours respectées — la considération qui le suivait depuis Poitiers, et qui l'élevait tout à coup à une des premières places du ministère.

On sait comment il tomba de ce sommet politique. Les élections législatives suivantes, où il ne fut pas nommé, l'empêchèrent seules de reparaître dans le ministère du 16 mai.

Il est donc retourné à ses dossiers, d'autant plus nombreux que le cabinet de l'avocat est ouvert à tous les clients, pauvres comme riches, dont la cause mérite quelque intérêt.

S'il n'appartient plus au monde parlementaire, M. Ernoul n'en est pas moins resté un conservateur et un catholique militant ainsi qu'on l'a vu, il y a quelques années, à la grande réunion privée de Bordeaux organisée contre les décrets du 29 mars.

ALICE OZY

L'Eve en maillot, l'Amour vêtu de ses seules ailes, la fée habillée de sa baguette. Se rappelle-t-on Alice Ozy que la splendeur des formes avait finalement condamnée à ces rôles plastiques ?

Elle valait sans doute mieux ; elle a même inspiré, à son insu, l'idée de la jolie comédie de Decourcelle et Thiboust, *Je dine chez ma mère ;* mais les directeurs de théâtre sont impitoyables quand ils ont voué une de leurs pensionnaires à une spécialité.

Un jour, elle trouva chez la concierge des Variétés un petit bouquet de violettes, escorté du billet suivant :

« Mademoiselle,

« Je ne suis qu'un pauvre travailleur, mais je vous aime comme si j'étais millionnaire. En attendant que je le devienne, je vous envoie ce simple bouquet de violettes. Si ma lettre vous donne l'envie de me connaître et de correspondre à mon sentiment, quand vous serez en scène, levez les yeux au poulailler : *mes jambes pendront.* »

M. de Villemessant raconte dans ses *Mémoires*, qu'à un bal donné par la belle Mlle Bertin, il aborda Alice Ozy en lui disant d'un ton un peu narquois :

— Eh bien ! comment vont les amours !

Elle était folle, en ce temps-là, d'un ténor de l'Opéra.

— Tenez, mon ami, lui répondit-elle avec un accent pénétré, ne plaisantez pas, je vous en prie, d'un sentiment profond et sérieux. Si vous saviez comme je pleure à présent sur ma vie passée! L'amour vrai m'a dessillé les yeux. Que ne donnerais-je pas aujourd'hui pour être tombée pure et immaculée dans ses bras! Ah! mes remords, mes regrets! C'est un châtiment d'en haut; mais un grand repentir rachète de grandes fautes et j'espère, ajouta-t-elle avec un regard et un soupir de componction, j'espère que je suis pardonnée.

— Je respecte de pareils sentiments, répliqua M. de Villemessant en prenant un air de circonstance, et presque attendri de la subite conversion de cette nouvelle Marion Delorme.

A quelque temps, il la revit.

— Toujours le cœur pris? lui demanda-t-il.

— Ne m'en parlez pas, répliqua-t-elle avec un haussement d'épaules, étais-je assez bête!... Des pieds comme ça!

Et, par une pantomime éloquente, elle allongeait son bras droit dans toute sa longueur, en portant la main gauche à son épaule. Essayez le geste et vous verrez.

L'ancienne artiste des Variétés a quitté la scène pour la retraite absolue.

Elle est redevenue Julie-Justine Pilloy qui est son nom véritable. Son grand père avait été directeur du Conservatoire et maître de chapelle de Napoléon. Il a été la dernière célébrité sur le basson.

Depuis 1854, Alice Ozy possède à Enghien une magnifique propriété qu'elle habite seulement l'été. Sa fortune est considérable, mais de méchantes langues prétendent qu'elle n'en use même pas pour faire un peu de bien.

SCHANNE

Plus connu sous le nom de Schaunard, de l'Alexandre Schaunard de la *Vie de Bohême*, celui qui « cultivait les deux arts libéraux de la peinture et de la musique, et qui, pour se garantir des morsures de la brise matinale, passait un jupon de satin rose semé d'étoiles en pailleté, qui lui servait de robe de chambre »; car Murger n'a pas inventé le personnage, il n'a fait qu'altérer le nom de cet ami des grands jours à « l'auberge du Hasard ».

La barbe est toujours rousse et la tête n'a guère changé. Mais quelle révolution de toilette! Les vestes de nankin du plein décembre sont remplacées aujourd'hui par de vraies redingotes et les chapeaux mous par des gibus solennels.

Schaunard habite bourgeoisement au Marais, où il occupe, rue des Archives, non pas un logement étroit, non pas un appartement, mais deux appartements. Et sur la porte, la conversion de Schaunard est inscrutée dans une plaque de cuivre éclatant où on lit :

SCHANNE

Fabricant de jouets

Le héros de Murger confectionne chiens, chats, moutons, chèvres, chevaux, bergers et bergères, animaux et gens de laine et de poil, et il gagne à ce commerce, — héritage maternel, — 12,000 francs par an. Nous négligeons les centimes. C'est lui qui approvisionne Paris et les grands magasins de nouveautés, principalement au moment des étrennes.

Mais ce fantaisiste en toutes choses a conservé la passion de la musique. Quand il n'est pas à ses moutons, il est à son piano, à ses chœurs, à ses partitions d'opérettes.

Entre temps, il écrit ses mémoires. C'est ainsi qu'il a publié dans le *Figaro*, en 1886, des souvenirs intéressants qui ont paru en volume.

Schanne est juré de tous les concours orphéoniques de France.

Un jour ou l'autre nous verrons — O Murger, qui l'eût dit? Rodolphe, qui l'eût cru? — Schaunard, président d'un jury!

LE MARÉCHAL LEBŒUF

Le maréchal Lebœuf habite, l'hiver comme l'été, sa propriété du Moncel, dans l'Orne, qu'il a achetée, voilà quinze ans, à son retour de La Havë.

Il n'est guère amené à Paris que par des raisons de deuil ou des solennités de famille, la mort d'un de ses compagnons d'armes ou le mariage d'un de ses anciens officiers. Il descend alors à l'hôtel de l'Intendance.

Il y a quelques années, cependant, il fut forcé de renoncer à sa solitude de l'Orne. La maladie de la pierre dont il souffrait horriblement ne pouvait plus être enrayée que par les grands moyens. Le maréchal vint s'installer pendant trois mois rue de la Ville-l'Evêque, en face de son médecin, le docteur Guyon, qui n'avait qu'à traverser la chaussée pour lui donner ses soins.

L'opération eut lieu, subie dans sa cruauté avec un calme admirable, et elle réussit.

Le maréchal Lebœuf a été sollicité par ses anciens collègues du conseil général de l'Orne, dont il était le président, d'accepter un collège électoral ; M. Émile Ollivier, arrivant à la rescousse, l'en a vivement pressé. Mais le maréchal a toujours répondu, et particulièrement à ce dernier, qu'il entendait rester dans la retraite la plus absolue.

Si le brave campagnard de l'Orne a des pensées d'avenir,

elles sont toutes pour sa fille, Mme d'Aubigny, femme du général de brigade qui a un commandement en Algérie.

Quant au maréchal, entouré de l'estime, de l'affection et du respect de tous, il regarde en philosophe, reluire le soc pacifique de la charrue et fleurir les pommiers.

LAURENT

Tout le monde a connu Laurent, de la Porte-Saint-Martin, le gros Laurent, comme on l'appelait dans les derniers temps.

C'était un type de théâtre et de boulevard.

Le gros Laurent est plus obèse que jamais et se bat contre l'asthme avec une ardeur de soufflet de forge.

Maintenant il repose sa rotondité à Champ tout près de Chelles, dans une petite maison dont il est propriétaire depuis une vingtaine d'années.

Laurent y avait installé autrefois un véritable musée d'armes anciennes.

En 1870, quand l'armée allemande avançait sur Paris, il cacha ses armes aussi inutiles que curieuses dans le puisard de son jardin. Mais les Prussiens occupèrent Champ, et si modeste qu'elle fût, la maisonnette du comédien et le puisard lui-même éveillèrent leur curiosité.

Tout fut volé par les Bavarois.

En revanche, la collection de portraits de la famille impériale n'a jamais été plus complète.

Laurent a ce qu'on appelle le culte napoléonien ; il fut une époque où il passait sa vie à se faire photographier en costume de *Petit Caporal* et dans toutes les poses, de face, de dos, de trois-quarts, debout, assis et même couché.

Il ne manquait que le chapeau légendaire.

La petite pension que lui sert le *Figaro* fait de Laurent un heureux bourgeois du pays de Champ, où on le connaît à la ronde.

Sa femme augmente les ressources du ménage en confectionnant des caisses en papier pour la confiserie et spécialement destinées aux... fondants.

Laurent a pour voisin M. Febvre, le nouveau légionnaire de la Comédie française.

Tous deux sont aimés et estimés à Champ.

Signe particulier digne de remarque.

Ces deux illustrations du théâtre ne font pas partie du Conseil municipal de leur commune.

FANNY CERRITO

Peu de carrières ont été aussi brillantes, choyées et triomphantes que celle de Fanny Cerrito que les Romains enthousiasmés nommaient « la Déesse Terpsichore », quoiqu'elle ne fût pas fille de Jupiter et de Mnémosyne, — ce qui lui assurerait un âge invraisemblable, — mais simplement de Raphaël Cerrito, officier supérieur, qui avait fait la campagne de Russie avec Napoléon Ier.

Elle est née à Naples, le 11 mai 1821.

Elle apprit la danse uniquement comme art d'agrément, mais elle y montra des dispositions si extraordinaires d'agilité, de grâce et de distinction, qu'elle se résolut à en faire sa carrière. Elle y fut encouragée par le roi de Naples, et débuta à l'âge de onze ans, au San Carlo de Naples.

A partir de ce jour, ce n'est plus qu'une marche triomphale à travers l'Europe; partout, elle excitait un enthousiasme indescriptible; on dételait les chevaux de sa voiture, et les plus grands personnages la traînaient jusqu'à sa demeure dans sa calèche convertie en corbeille de fleurs. A Rome, ce fut du délire, au point de détourner les esprits des effervescences de la politique; peintres, sculpteurs firent d'elle des statues, des bas-reliefs, des portraits, des tableaux; les poètes rimèrent pour elle des vers à remplir des in-folios.

Le Pape lui-même, informé de cette renommée extraordinaire de talent et de vertu, lui envoya la médaille et le titre de membre de Sainte-Cécile, ce qui n'avait jamais été accordé à une artiste de la danse. A sa dernière représentation, elle, fut couronnée sur la scène par les princes romains, puis saluée par toutes les jeunes filles de la congrégation de Sainte-Cécile, qui lui firent une ovation des plus touchantes.

A Venise, même enthousiasme. A sa soirée d'adieux, on fit un pont de bateaux sur les gondoles, du théâtre de la Fenice jusqu'à l'hôtel Danielli, où elle habitait. Sur tout le parcours, des orchestres, des chanteurs dissimulés dans des massifs de fleurs; dans le hall de l'hôtel Danielli, la noblesse, les ambassadeurs, tous les dignitaires lui offrirent une fête splendide.

A ce moment, si elle l'eût voulu, elle eût pu choisir un mari parmi les plus hautes notabilités qui se disputaient sa main. Mais la Cerrito chérissait son art et, pour aucune couronne du monde, elle n'eût abandonné le théâtre de ses succès. Elle refusa tous ces brillants partis.

Un peu plus tard, elle connut Saint-Léon (de son vrai nom Michel), bon danseur et excellent musicien, fils du maître de danse de la Cour de Wurtemberg, et violoniste, élève de Paganini.

Saint-Léon la demanda en mariage ; mais il y avait une difficulté : il était protestant; la Cerrito était une catholique ardente. Elle imposa la condition *sine quâ non* d'une abjuration. Nous n'étonnerons personne en disant que le fiancé, très énamouré, ne se fit pas tirer l'oreille, et embrassa le catholicisme avec enthousiasme. C'est à Rome même qu'il fit sa conversion. Le Pape avait donné une médaille et un titre précieux à la danseuse; politesse pour politesse; la danseuse lui fit cadeau d'un catholique. Elle était, du reste, une croyante très fervente ; pendant toute la durée de sa carrière, elle n'est jamais entrée en scène sans avoir fait le signe de la croix.

Elle voulut enfin avoir la consécration de Paris. Déjà Duponchel et Roqueplan avaient fait le voyage de Milan pour l'engager ; des traités précédemment conclus pour *Her Majesty's Theater*, de Londres, la retinrent encore pendant un an ; puis, elle arriva, précédée de son immense réputation, et, dès le premier jour, elle emportait d'assaut la faveur de ce Paris dédaigneux de toutes les gloires qu'il n'a pas faites.

Elle fut admirée, et, ce qui vaut mieux encore, elle se fit aimer, parce qu'en dehors de l'artiste incomparable, il y avait en elle une bonne, gaie, aimable, excellente camarade, indulgente et spirituelle — ce qui ne s'allie pas toujours.

« Ordinairement, disait d'elle Roqueplan, les danseuses ont l'esprit dans les pieds, mais elle a de l'esprit dans toute sa personne. »

C'est une des grandes époques de la danse à l'Académie de musique, celle où Fanny Cerrito créa *la Fille de marbre, la Vivandière, le Violon du diable, Stella, Pâquerette, Orpha* et *Gemma* qu'elle composa en collaboration avec Théophile Gautier, et dont le comte Gabrielli écrivit la musique.

Presque tous ces ballets, à l'exception de ce dernier, comme la plupart de ceux qu'elle a créés dans les autres capitales, furent, du reste, dus à la collaboration de la Cerrito et de son mari ; et ils les dansaient ensemble, car il était bien stipulé dans les traités qu'elle n'acceptait aucun autre danseur que Saint-Léon. Pas de Saint-Léon, pas de Cerrito.

Pendant son passage à l'Opéra, il vint à Paris un prince du Népaul, qui fut le lion d'au moins une semaine.

A une représentation, l'Indien émerveillé demanda à Roqueplan de vouloir bien le présenter à la délicieuse artiste ; il la salua et, détachant de ses bras deux superbes bracelets en pierres précieuses, légendaires dans son pays, les lui offrit et les passa aux bras de la danseuse ; la Cerrito les garda pendant toute la suite du ballet, ce qui fit événement dans la salle et valut au prince une salve d'applaudissements quand, un peu plus tard, il reparut dans sa loge.

Elle alla ensuite en Russie et, par ordre de l'Empereur, se rendit à Moscou pour le couronnement.

Elle y fut l'objet d'une réception princière. Le jour du couronnement, le Czar donna aux artistes un souper de gala et voulut choquer son verre à celui de Fanny Cerrito, à laquelle il adressa un toast de félicitations.

Mais, hélas ! un accident terrible vint briser cette carrière si heureuse et si brillante.

Dans le ballet de *la Fille de feu,* elle faillit brûler vive en scène et fut grièvement blessée par la chute d'immenses décors enflammés. Elle s'alita. Une maladie de cœur se déclara et la força à quitter le théâtre. On devine quelle douleur, quel deuil pour la pauvre grande artiste, que tant de triomphes attendaient encore !

Elle n'avait que trente-cinq ans.

Aujourd'hui, n'ayant plus de ce féerique passé que des visions vite évanouies de fêtes, d'ovations bruyantes de foules enivrées, revenue de toute cette gloire, ne conservant plus qu'un souvenir un peu mélancolique de sa belle jeunesse si bien remplie, Mme Cerrito habite parmi nous, à Passy, près du Bois de Boulogne, un charmant petit hôtel qu'elle s'y est fait construire.

De la période éclatante de sa vie, elle a cependant conservé deux dons précieux : sa bonté et son esprit. Elle vit fort retirée, bien que recherchée encore dans une société très aristocratique, s'occupant surtout de bonnes œuvres. On la rencontre plus souvent, en effet, au chevet des malades et des pauvres que dans les salons mondains. Elle est entourée de fleurs et d'un essaim de jolis oiseaux qui doivent lui rappeler ses gracieux ébats aériens des temps heureux.

Mais elle a bien failli ne plus avoir la vue réjouie par les oiseaux et les fleurs. Un voile s'était étendu sur ses yeux et elle semblait ne pouvoir échapper à une cécité prochaine. Mais, au moment où elle se désespérait, un guérisseur infaillible est arrivé, qui l'a arrachée à cette mort anticipée et rendue à la lumière. C'est le docteur Galezowski, coutumier de ces miracles, qui l'a opérée de la cataracte avec sa merveilleuse habileté habituelle.

On raconte que sa femme de chambre, une industrieuse personne, a amassé un joli petit pécule à vendre, à la foule des enthousiastes de sa belle maîtresse, les souliers de danse qu'avaient chaussés ses pieds mignons, et même des mèches de cheveux qu'elle récoltait avec le plus grand soin chaque jour en la coiffant.

Ce dernier profit lui aurait échappé si elle avait été la femme de chambre de feu Siraudin.

M. PINARD

Dans quel fond de silence est tombé celui-ci après les décharges de tirailleurs politiques où éclatait son nom au mois de novembre 1868? Vous souvenez-vous? M. Pinard était ministre de l'intérieur, sorti du parquet, et on venait de découvrir, au cimetière Montmartre, la tombe de Baudin.

Qu'est devenu l'ancien magistrat à la parole claire et correcte, comme pas une autre, le ministre qui a inconsciemment préparé un triomphe populaire à M. Gambetta?

Certainement, lecteurs, vous ne le savez guère et ne vous en inquiétez peut-être pas davantage.

M. Pinard a repris sa robe d'avocat, la première qu'il ait portée, mais il plaide si rarement! On se rappelle à peine qu'il a défendu la *Comédie politique* à Lyon.

Et pourtant, vous seriez sûrs de le voir, certains jours, la serviette classique sous le bras, débouchant de la rue François Ier. C'est là qu'il habite, oubliant, je le crois, autant qu'oublié.

M. Pinard qui a eu, par un hasard de la destinée, une heure retentissante de vie publique, est, avant tout, un homme d'intérieur et de famille. Personne n'est plus soumis à la règle de ses principes et de ses sentiments.

Catholique convaincu et pratiquant, c'est surtout à l'église et en pleine grand'messe que vous le trouverez, le dimanche. Ce communiant sincère n'est pas plus troublé maintenant qu'autrefois de cette misérable chose, — quelles que soient les opinions, — qu'on appelle « le respect humain ».

La solidité des connaissances acquises dans le long travail du cabinet ne l'empêche pas de rester un studieux. Il lit sans cesse quand les affaires ne le prennent pas à sa bibliothèque ; quant aux journaux, il les choisit, et l'ex-substitut qui a été un peu dur pour la *Madame Bovary* de Gustave Flaubert serait bien étonné si on lui parlait aujourd'hui des nouvelles audaces du roman.

BOUFFÉ

C'est à Auteuil, au hameau Béranger, où l'on entre par la rue La Fontaine, que Bouffé repose ses quatre-vingt-sept ans.

Il est né le 4 septembre 1880.

A vingt-cinq ans, il avait été condamné comme poitrinaire; quel bon certificat de vie parfois, que le diagnostic des médecins!

Il habite une petite maison qui lui a coûté assez cher, mais où, en revanche, se souvenant du métier paternel qui fut aussi le sien dans son enfance, il s'est chargé lui-même de tout ce qui touche à la menuiserie.

Atteint d'une névrose aiguë depuis plus de 45 ans, Bouffé ne peut se résoudre à quitter cette retraite, malgré les lourdes charges qu'elle lui impose. Il passe une grande partie de son temps à réunir ses *souvenirs* qu'il dicte à son petit-fils, M. Maurice Haquette.

Une première édition a déjà paru chez Dentu. Elle sera suivie d'une autre où l'on trouvera d'intéressants chapitres qui en feront un livre très curieux à consulter.

Le 9 novembre dernier, fut célébré la soixantaine de son mariage dans la petite maison de la rue de la Fontaine qui, ce jour-là, était trop étroite pour contenir tous les amis de Bouffé.

Delaunay, le grand artiste si regretté du public, avait fait à pied le voyage de Versailles à Auteuil pour embrasser son vieux camarade, et les frères Lionnet, que l'on trouve toujours au premier rang quand il s'agit d'une bonne action ou d'un souvenir du cœur, avaient organisé cette fête toute intime qui fut, pour Bouffé et sa chère compagne, comme un rajeunissement.

Malgré la terrible maladie qui l'accable, le vieux comédien est non seulement toujours vert, mais toujours leste; à le voir, à l'entendre, on le croirait capable de jouer encore *le Gamin de Paris*.

M. DARIMON

Quel Parisien ne connaît pas M. Darimon, un des anciens *Cinq* du Corps législatif de l'Empire?

On le rencontre partout, au concert, au théâtre, quelquefois même au bal; mais maintenant, sans les fameuses culottes courtes qui lui ont fait une réputation dans la chronique des beaux soirs passés.

C'est rue Pigalle que vous recevra, très courtoisement, du reste, M. Darimon, s'il vous prend la fantaisie de le voir. Il y occupe un appartement sans luxe, avec son fils attaché à la Compagnie du chemin de fer du Nord.

Dans le salon, une photographie de l'infortuné Prince impérial avec dédidace, et, partout, le portrait de Proudhon, mais surtout dans le cabinet de travail. Là, le philosophe franc-comtois est représenté de toutes façons, dans toutes les poses, debout, assis et même couché.

Un Émile de Girardin jeune et vif de regard tranche sur cette exposition. C'est qu'il était resté un maître, malgré tout, pour M. Darimon qui, à la manière du directeur de l'ancienne *Presse* et de la *France*, lit tous les journaux, coupe les articles qui l'intéressent particulièrement, les colle sur papier avec soin et les classe par dossiers.

Ce sont les arguments de l'avenir, recueillis chaque matin par M. Darimon, en veste blanche l'été, au coin du feu l'hiver, et coiffé d'un bonnet au pompon frisonnant.

Pas une semaine ne s'écoule sans que M. Darimon reçoive une lettre, écrite dans les rêveries de la Mouette, par M. Émile Ollivier.

M. Darimon était un des hôtes réguliers du Prince Napoléon à l'avenue d'Antin.

De temps à autre, il publie quelques-uns de ses souvenirs dans le *Figaro*.

Mais il a dit pour jamais adieu à la politique... et pour cause.

LE GÉNÉRAL TROCHU

Chose singulière! le général Trochu, défenseur de Paris en 1870-1871, a fait un peu après la guerre un chassé-croisé avec le gouvernement de la Défense nationale : il est allé habiter Tours.

A Tours, c'est à peine si on le connaît, tant, depuis les cruels événements de 1870, il s'est renfermé dans le silence et a recherché l'oubli.

Imaginez, aux alentours de la cathédrale, une de ces rues silencieuses comme le promenoir du cloître qui semblent plutôt bâties pour les gens d'église que pour les hommes de guerre — la rue Traversière — une petite maison précédée d'un jardin ; c'est là qu'habite le général.

Au rez-de-chaussée, surélevé d'un perron, s'ouvrent les fenêtres de la salle à manger et du salon. Au premier, est l'appartement de Mme Trochu avec le cabinet et la chambre de son mari. Partout, la simplicité même, relevée des portraits militaires.

Il n'y a pas longtemps, le général travaillait, strictement renfermé. Il écrivait à donner le vertige à qui eût suivi sa plume ; il entassait rames de papier sur rames de papier : demandez plutôt aux libraires de Tours.

Quand il avait terminé un manuscrit, il l'envoyait à l'éditeur Hetzel, mais sans plus s'inquiéter de son sort. Hetzel était avant tout l'ami du général, qui s'en remettait à son goût et à sa décision, et n'avait aucun traité avec lui.

De une heure à deux, M. Trochu reçoit trois ou quatre personnes, si elles se présentent : il n'en voit pas davantage à Tours. De cette intimité rare était M. Cordier, le beau-frère du général de Galliffet.

Puis, le voilà parti pour l'après-midi, à travers la ville, suivi d'un petit chien café au lait, arpentant, le dos voûté, les moustaches blanchies, les jambes en cerceau, les grandes allées du Mail. Les bras rythment le mouvement du corps; la canne, tenue par le milieu horizontalement, a un air de balancier, et les étrangers seuls regardent maintenant avec curiosité cet homme tout vêtu de noir qui, à grands pas, s'enfonce dans le lointain des distances, le petit chien trottant toujours sur ses talons.

Parfois, il entre à la cathédrale, s'agenouille à la chapelle de la Vierge et sort pour reprendre sa course.

— Je suis un catholique mystique, disait-il.

Car il parle à l'occasion, et beaucoup, et de tout, avec une sorte de fièvre.

Quand le général de Galliffet arriva à Tours, pour prendre le commandement du 9ᵉ corps d'armée, sa première visite fut pour le général Trochu. Après être allé reconnaître l'hôtel du commandement, sans quitter la selle, il s'achemina rue Traversière à la tête de son état-major.

La ville est encore intriguée de cet empressement de M. de Galliffet.

Donnons-en ici la simple raison aux Tourangeaux : le général Trochu est un des plus anciens divisionnaires de notre armée.

Il est né en 1815.

On sait que le maréchal de Saint-Arnaud le prit pour aide de camp pendant la campagne de Crimée, où il fut nommé général de brigade le 24 novembre 1854. Il gagna sa troisième étoile en Italie aussi bravement que brillamment.

Détail pittoresque : à côté de la petite maison de la rue Traversière, se penche un saule pleureur — l'arbre des vaincus de la destinée et de la vie...

> Et son ombre semble légère
> A la retraite de Trochu.

Le général Trochu n'a pas d'enfants. Il a fait beaucoup de bien à ses neveux et nièces, peu fortunés, qui habitent la Bretagne.

ALBERT

Albert qui ? Albert de quoi ?

Vous allez m'interroger à peu près comme le Saverny de *Marion Delorme*.

Eh bien! Albert, du Gouvernement provisoire de 1848, ouvrier mécanicien devenu tout à coup homme politique, Albert, le condamné à la déportation par la haute cour de justice de Bourges, pour l'attentat du 15 mai, et qui, pour tout dire, s'appelait de son vrai nom Alexandre Martin.

Il sortit du pénitencier de Tours à l'amnistie impériale qui suivit la guerre d'Italie.

Dès le 5 mai 1859, Albert entrait, sous les auspices de M. Dubochet, à la compagnie du Gaz qui, ajoutons-le en passant, a eu dans son service Frédéric Bérat, le compositeur de romances, entre autres de *Ma Normandie*, et qui a encore aujourd'hui pour employé Savinien Lapointe.

L'ancien membre du Gouvernement provisoire est inspecteur des magasins et de l'outillage au service des usines et touche les appointements rondelets de cinq mille francs par an.

Il a soixante-dix ans sonnés et porte la barbe blanche; il reste fidèle au chapeau de feutre mou, mais se tient à l'écart de toute agitation. Albert a même été pour beaucoup, pendant la Commune, dans la préservation de la compagnie du Gaz.

Il est vrai que, si tous les communards s'étaient fait, comme lui, cinq mille livres de rentes, ils n'auraient peut-être pas eu moins de sagesse que l'ex-déporté.

M. ESTANCELIN

On l'appelait « le jeune Estancelin » à l'époque déjà éloignée où, dans les séances publiques du Corps législatif, il se faisait remarquer par la fréquence de ses interruptions. L'interruption était sa spécialité; il la prodiguait, elle était, chez lui, toujours amusante, le plus souvent spirituelle et marquée au sceau de la plus pure logique. De même, au Sénat, l'emploi d'interrupteur en chef et sans partage était dévolu au spirituel marquis de Boissy.

Les journaux officieux du temps avaient donc inventé ce cliché, « le jeune Estancelin », pour désigner le député qui se refusait à admirer de confiance tous les actes du gouvernement; il avait cependant depuis longtemps déjà dépassé l'âge des Eliacin et des jeunes Anacharsis; mais tout en lui, l'allure, la juvénilité des traits, la blonde chevelure, justifiait cette appellation.

En 1869, il représentait au Palais-Bourbon la 4ᵉ circonscription de la Seine-Inférieure; il était un des brillants députés du centre gauche et l'un des signataires du programme libéral rédigé par le marquis d'Andelarre, M. Buffet et le comte Daru, alors chef d'un groupe de l'opposition.

M. X. Feyrnet, du *Temps*, a fait de lui ce joli portrait :

« Comme orateur, c'est le naturel même, et l'aisance et la
« bonne humeur. Il ne sait pas ce que c'est que la rhétorique,
« et il lui arrive d'être éloquent à force de raison et d'hon-

« nêteté. Il ne fait point de phrases, mais il a des mots si
« heureux et si plaisants! Ces mots-là, il ne les souligne que
« par la bonhomie avec laquelle il les prononce. Et il faut
« voir comme ils portent et font rire ses amis et crier ses
« adversaires. Devant les tempêtes de la droite, M. Estancelin
« est superbe. Il s'arrête, met les deux mains dans ses
« poches, regarde avec une candeur étonnée toute cette agi-
« tation, sourit ingénuement à ces interruptions violentes,
« à ces gestes furieux. Et sa grande taille, sa figure bon
« enfant, très jeune encore, sa moustache innocente et
« blonde vont à merveille à cet étonnement. »

Très lié avec la famille d'Orléans par de vieilles et fidèles relations, il était, naturellement, au premier rang de ceux qui se pressaient le jour où le comte de Paris a pris le chemin de l'exil.

Sous la monarchie de Juillet, il avait été chef de bataillon de la garde nationale. C'était, à cette époque, un tout jeune homme, grand, élancé, charmant; l'uniforme lui seyait à ravir.

Quand le roi Louis-Philippe quitta la France, M. Estancelin reçut du duc de Montpensier la mission de conduire en lieu sûr la duchesse, sa femme, alors enceinte.

Il la mena d'abord chez lui à Eu ; mais des indices lui faisant redouter une dénonciation, il la conduisit à Boulogne où elle s'embarqua immédiatement; elle arriva en Angleterre avant le roi, la reine et son mari.

Malgré, ou plus probablement en raison de son dévouement bien connu à la famille déchue, le département de la Seine-Inférieure le choisit pour représentant du peuple à l'Assemblée législative. Il s'y fit remarquer par son hostilité déclarée à la République, et par la vigueur sarcastique, la justesse et l'esprit de ses apostrophes et de ses interruptions.

Après le 2 décembre, M. Estancelin qui avait appuyé le gouvernement du prince Louis-Napoléon, se retira de la vie parlementaire. Il rentra à Eu et s'y concacra à des études d'agronomie.

Ainsi que nous l'avons dit, il rentra dans la politique en 1869, envoyé au Corps législatif par le 4e circonscription de la Seine-Inférieure.

M. Estancelin vit aujourd'hui à Boromesnil, tout près d'Eu. L'hiver, il va à Hyères. Il possède là une île giboyeuse, un yacht, et va chasser en Corse et en Sardaigne.

Malgré ses soixante-quatre ans, il a toujours ce feu des premières années. Il serait même capable encore de témérités qui le font trouver dangereux dans son parti calme, rassis et peu disposé aux aventures. Aussi son influence a-t-elle été plutôt combattue que protégée par les siens, et il est maintenant très effacé, très oublié.

Homme d'action, avec les ardeurs de bonapartiste, il ne sera jamais le parlementaire correct et pondéré de l'orléanisme; c'est un enfant terrible qui met les pieds dans le plat et qui, plus jeune, aurait sur le parti monarchique une influence sérieuse.

On l'a tué avec le surnom de « marquis du pain cher » qui lui fut appliqué, il y a sept ans, lorsqu'il demandait une surtaxe sur les blés étrangers, surtaxe qui a été établie depuis cette époque.

On lui garde quelque rancune aussi, dans le pays, de la façon dont il exerça le commandement en 1870, alors qu'il était général des mobilisés normands ; là encore, on condamna certaines témérités de tempérament qui l'eussent porté de préférence vers des expéditions imprudentes.

Ses concitoyens ne lui pardonnent pas les terreurs qu'il leur a causées.

M. Estancelin s'est donc terré chez lui, ne bougeant plus et ne donnant plus signe de vie. Il détonnait dans ce milieu où l'on a horreur des intempérants autant que des hommes d'action.

LE SERGENT BOICHOT

Une célébrité submergée de 1849!

Le sergent Boichot fut l'un des deux candidats militaires de la Seine désignés au comité des socialistes par leurs camarades de la garnison de Paris et que cent mille voix nommèrent alors représentant du peuple.

Contumace de juin 1849, condamné en juin 1854; ayant été arrêté au cours d'un voyage en France, le sergent Boichot, après être allé dresser sa tente jusqu'en Amérique, habite Bruxelles aujourd'hui.

Il a soixante-sept ans; il est marié, bien marié, avec une Anglaise qui dirige un pensionnat de la capitale du Brabant.

C'est un bourgeois très correctement et même élégamment vêtu : redingote noir, linge fin, chaîne de montre en or mat, lorgnon jouant entre les doigts. Mais, comme tête politique, M. Boichot n'a pas changé.

Il ne transige pas, il ne transigera jamais, saprebleu!

Ce serait de la trahison. Et il a des mouvements d'épaules qui envoient l'opportunisme s'étaler à plat ventre dans le dédain.

De temps à autre, il passe la frontière, pour l'enterrement d'un démocrate qui est resté un pur à ses yeux, ou pour un banquet socialiste comme celui de Saint-Mandé où, faute de Blanqui, les convives se résignèrent à être présidés par le sergent Boichot, — un nom qui, par parenthèse, ne disait rien aux trois quarts d'eux.

Et pourtant, il croit à son moj autant que personne; il en est raide à se casser.

A Paris, il donne ses audiences dans le quartier Saint-Honoré, chez un ami qui vous avertit solennellement que le *citoyen Boichot* est à votre disposition.

Dès lors, le *citoyen Boichot* appelle à chaque phrase son visiteur *citoyen X*, lui donne carrément son opinion sur le *citoyen Y* et le *citoyen Z*. Ensuite, il le remercie de ses sentiments au nom de tous les vrais *citoyens*.

C'est ce que le *citoyen*, ami du *citoyen Boichot*, appelle parler « un langage vraiment républicain ».

L'HOMME AUX MOUTONS

Il n'est pas un habitué de l'allée des Acacias, un habitant de Passy ou d'Auteuil qui n'ait rencontré soit au Ranelagh, les jours de concert militaire, soit à l'entrée du Bois, un homme d'une cinquantaine d'années, au visage bronzé et énergique, à la carrure robuste, vêtu, sous un veston de velours noir, d'une flanelle rouge et coiffé d'un chapeau pareil à ceux que portent les pâtres bretons aux jours de fête. Pendant longtemps, cet homme se faisait transporter dans une petite voiture attelée de deux magnifiques moutons d'Australie à la laine blanche et soyeuse.

On le désigne toujours — à défaut de son nom que peu connaissent — sous celui de *l'homme aux moutons*.

Il habitait, — aujourd'hui encore, il habite, — rue Spontini, à Passy, une maisonnette d'une construction étrange, se composant d'un seul rez-de-chaussée, encadré de lierre, de fusains et de vigne vierge.

L'histoire de cet homme est terriblement dramatique.

Voyageur intrépide, il avait, pendant longtemps, parcouru l'Asie et l'Afrique. Il y a une vingtaine d'années, il partit de Hambourg dans un ballon avec l'aéronaute Green et trois autres personnes. La corde de la soupape se rompit ; on ne sut plus comment descendre. Green s'accrocha aux cordages et put se sauver. Trois de ses compagnons disparurent, et l'on n'en trouva plus trace. Quant à celui dont nous rappelons l'histoire, il fut précipité dans un marais glacé, près d'Horburg, sur la frontière russe. Enfoui jusqu'à mi-corps, il ne fut retiré que de longues heures plus tard par des paysans qui le transportèrent dans une auberge où il resta, cadavre vivant, pendant sept mois et demi. Après ce temps, il put être dirigé sur la France. On le fit entrer à la maison Dubois et — phénomène inexplicable! — il en sortit.

Un jour que les médecins, le considérant comme mort, l'abandonnaient, et qu'on allait jeter sur lui le drap mortuaire, une réaction violente s'opéra tout à coup; il tendit les bras dans un mouvement de détresse et retrouva la voix et l'ouïe; mais toute la partie inférieure du corps resta paralysée.

C'est alors qu'il se retira à Passy où il habite depuis plus de vingt ans.

Cet homme est le baron Félix de Kéroy qui, avant cet accident, était le collaborateur du journal *l'Illustration,* auquel il avait envoyé des articles sur les fauves des contrées qu'il avait traversées et des études sur les centaures et les dompteurs.

Dieu fit un miracle pour le malheureux si cruellement éprouvé ; il lui donna une énergie que rien ne peut abattre, une résignation angélique et une philosophie souriante qui a résisté à toutes les infortunes.

Il vit seul en compagnie de sa charmante fille dans sa maisonnette. Une fois par jour, un restaurateur du quartier lui fait porter un repas bien frugal; traînant à l'aide de cannes ses pauvres membres paralysés, ou se mouvant — à l'aide d'une gymnastique dont il a acquis l'habitude — sur les deux pieds postérieurs de sa chaise, il circule dans sa chambre et vaque aux soins de son petit ménage et des nombreux animaux qui ont trouvé refuge auprès de lui.

Ses deux beaux moutons, qu'il avait baptisés *Babette* et *Babylas,* sont morts l'année dernière. C'étaient ses amis; ils lui faisaient un attelage précieux, obéissant et vraiment original. De plus, ils lui fournissaient la laine dont il garnissait ses matelas!

Les promeneurs du Bois formaient cercle autour de lui. Que de fois des landaus se sont arrêtés devant son équipage étrange. Des enfants en descendaient et venaient tout joyeux admirer et caresser les moutons si frisés et si blancs, les comblant de gâteaux et de friandises.

Un jour, un bambin, croyant avoir à faire à un pauvre, courut lui porter une pièce blanche.

— Mon jeune ami, fit de Kéroy avec un doux sourire, vous vous trompez; je n'ai pas besoin de sucre d'orge.

Et il rendit à l'enfant sa piécette.

Le père avait vu de loin la scène; il s'empressa d'accourir et de s'excuser pour l'involontaire maladresse de son fils.

— Si vous êtes fumeur, Monsieur, ajouta-t-il, veuillez me faire le plaisir d'accepter ce cigare?

Le lendemain, le baron de Kéroy recevait une magnifique boîte de havanes de premier choix avec la carte du prince de Metternich.

Depuis qu'il habite Passy, malgré de cruelles souffrances, il a collaboré longtemps au *Tintamarre* de Commerson, sous le nom d'*Asmodée!* Il s'était lié avec le fameux Arnaud, le directeur du vieil Hippodrome de la place d'Eylau. Grâce aux relations qu'il avait conservées à la suite de ses voyages aux pays extravagants, il s'était fait le fournisseur de phé-

11

nomènes de cet établissement, et percevait une prime qui, jusqu'à l'incendie, fut sa principale ressource.

C'est ainsi qu'il fit venir à Paris les *Thouaregs* avec leurs chameaux; *Sara, la femme sauvage; Fabrini; l'homme de feu;* Mme *Smith* et ses ours blancs; l'aéronaute *Poitevin* avec son cheval; les deux *Blondin;* le capitaine *Perrins;* le dompteur *Lucas* qui fut dévoré par sa lionne; enfin l'homme à la boule, *Frantz de Bach,* lequel fit courir tout Paris.

Il n'y a pas longtemps, M. de Kéroy s'occupait de réunir ses souvenirs et envoyait encore des articles aux journaux.

Il a écrit un grand drame historique qu'il destinait à la Porte-Saint-Martin. Mme Sarah Bernhardt, avant son départ pour le Nouveau Monde, lui avait même fait promesse de venir l'entendre.

Et c'était vraiment chose touchante que la peine qu'avait prise le pauvre solitaire, lorsque cet espoir lui a été donné, pour transformer sa chaumière, l'embellir, la parer et la rendre digne de recevoir la grande comédienne. Et nous sommes persuadé qu'à son retour d'Amérique, Mme Sarah Bernhardt, qui est femme de grand cœur autant qu'artiste éminente, ne fera pas cette douleur à ce brave homme si torturé, de manquer à sa promesse, et viendra rendre visite à M. Félix de Kéroy dans sa maisonnette de la rue Spontini qu'il a baptisée : *Ermitage d'Asmodée.*

BAZAINE

Dans une rue retirée du vieux Madrid, — Calle de Monte Esquinza, — vit dans un logement plus que modeste celui que l'on appelait, il y a dix-huit ans, le maréchal Bazaine.

La tête de l'ex-maréchal n'a point changé comme physionomie militaire, mais elle s'est alourdie par les soucis.

Naguère, il faisait des armes avec une espèce de fièvre ; maintenant, il passe une partie de ses journées dans un fauteuil, écrivant ses souvenirs et s'occupant de l'éducation de celui de ses fils resté près de lui.

Depuis son arrivée à Madrid, Bazaine s'est toujours tenu étranger à toutes les questions politiques touchant l'Espagne, quoiqu'on ait prétendu qu'il se fût occupé d'études sur la défense de la frontière franco-espagnole, au point de vue d'une agression de la France.

A ce moment, il était retenu au lit par une fracture de la jambe.

On a dit aussi, à ce sujet, que Bazaine avait appartenu en 1823 à l'armée d'Angoulême. Or, il était beaucoup trop jeune pour en faire partie, puisqu'il n'est entré au service comme soldat qu'après la Révolution de 1830.

Dans la lutte entre les Carlistes et les Christinos (1837), il fut détaché à la légion étrangère et suivit ce corps en Espagne, où on le nomma d'abord chef d'état-major et plus tard commissaire du gouvernement français auprès de l'armée de la Reine.

Il était, bien entendu, colonel au titre espagnol — et à la paix, il rentra en Algérie avec son grade effectif de lieutenant français de 2ᵉ classe. Peu de temps après, il était promu capitaine aux chasseurs à pied, corps de nouvelle création.

Bien qu'on l'ait dit et souvent imprimé, Bazaine ne se berce pas de l'espoir de revenir en France. Il sait bien qu'il n'y a pas d'amnistie pour de tels souvenirs.

Du reste, ses plaintes et ses récriminations sont discrètes.

Il vit à peu près dans la solitude. Depuis plusieurs années, Mᵐᵉ Bazaine est, avec sa fille, à Mexico, où l'ont appelée des affaires d'intérêts.

M. Antonio Alvarez de Rull, neveu de Mᵐᵉ Bazaine, qui a été l'instrument principal de l'évasion de l'ex-maréchal des îles Sainte-Marguerite, et fut, pour ce fait, condamné à six mois de prison, n'habite plus Madrid.

Un seul de ses fils, Paco, est resté auprès de son père; encore ne vit-il pas avec lui, car il appartient à l'armée espagnole. Il ressemble d'une façon frappante à sa mère dont il a, du reste, le cœur et l'esprit.

L'ex-maréchal est toujours malade depuis l'accident survenu, il y a quelques années, et où il s'est fracturé la jambe.

On le disait agonisant l'an dernier.

L'agonie n'a-t-elle pas commencé le lendemain de la capitulation de Metz?...

LE GÉNÉRAL ROLLAND

Lorsqu'il fut prouvé que toute action maritime était inutile, sinon impossible, dans notre lutte contre l'Allemagne, et que l'on fit appel à la valeur éprouvée et au dévouement de la flotte pour renforcer l'armée de terre, le capitaine de vaisseau Rolland fut nommé général de brigade au titre auxiliaire pour commander la subdivision de la Haute-Saône.

Il s'était marié à la fin de juin. Quinze jours après, la guerre était déclarée. Sa lune de miel fut interrompue par le canon de Wœrth.

En arrivant à Dijon, il apprit officiellement l'occupation du département de la Haute-Saône par les forces prussiennes qui menaçaient déjà la ligne de Dijon à Besançon. Son commandement étant devenu illusoire, il alla à Besançon pour tenter d'y concentrer les mobilisés de sa brigade.

Malgré des difficultés presque insurmontables, il y réussit, parlant haut et ferme à Garibaldi qui voulait les arrêter. Il les instruit, les équipe, établit une discipline rigoureuse, examine l'instruction des officiers, en remplace beaucoup et transforme en véritables soldats ces recrues qui n'avaient jamais tenu un fusil.

Émerveillés de cette activité, de cette énergie, les habitants de Besançon, le conseil général, les corps constitués adressent une pétition au ministre de la guerre pour faire donner au général Rolland le commandement de la 7e division.

Le général Rolland refusa, mais les sollicitations redoublèrent ; on fit appel à son patriotisme, et comme la tâche était hérissée de périls imminents, il finit par accepter.

Il fut donc nommé général de division. Dans la circonstance, c'était presque un commandement de corps d'armée, car il eut sous ses ordres jusqu'à neuf généraux, dont deux divisionnaires.

La situation de Besançon était excessivement critique. Le télégramme suivant, adressé au gouvernement de la Défense nationale par le nouveau commandant de la 7e division, en donnera une idée :

. . . .

« Vous me placez dans une situation épouvantable. Besançon
« est défendu aujourd'hui par cinq bataillons qui n'ont pas
« de cartouches. Je suis menacé par la gauche, Marnay, Pin
« et Pesmes, et si l'attaque est sérieuse, le chemin de fer de
« Dôle à Besançon et de Dôle à Mouchard peut être coupé. J'ai
« mis à Marnay et à Pin deux bataillons de mobilisés de
« la Haute-Saône ; ils sont insuffisants, si ce n'est pas une
« simple démonstration de l'ennemi ; devant nous, à Voray et
« à Lussey, je n'ai que 300 hommes ; aujourd'hui, un régi-
« ment de lanciers a pris une panique affreuse ; soixante
« hommes des grand'gardes sont partis au grand galop jus-
« qu'à Besançon, semant l'épouvante.

« Je suis monté à cheval et ai brûlé la cervelle au premier
« que j'ai rencontré ; j'ai cassé, en face du régiment, un
« lieutenant, qui descendait la grand'garde, sur les lieux, et
« qui n'a pas su arrêter les fuyards.

« Demain cour martiale pour deux.

« J'ai donné sept bataillons et deux batteries au 24e corps.

« J'ai envoyé sur le plateau de Blamont et la rive gauche du

« Doubs six bataillons et neuf pièces de montagne pour garder
« cette position. Il ne me reste que les mobilisés, qui ne
« savent pas tenir un fusil et n'ont pas de cartouches, et
« parmi eux, pas un officier, un sous-officier ou un caporal
« qui sache ce que c'est qu'une consigne et soit capable de
« la faire respecter. Je saurai me faire tuer, mais cela ne
« sauvera pas la place qu'il est impossible de défendre dans
« ces conditions.

« Le général commandant de la 7ᵉ division,

« *Signé* : ROLLAND. »

Est-il rien de plus émouvant et de plus épouvantablement tragique que ce cri de désespoir d'un soldat désarmé qui ne peut que mourir sans sauver le drapeau?

Par quel miracle d'activité, d'énergie, d'héroïsme, de foi patriotique, ce vaillant parvint-il à mettre Besançon en état de résister à un siège? Dieu le sait. Car la ville n'avait que des fortifications impuissantes contre l'artillerie moderne, étant de tous côtés dominée par des montagnes où n'existait aucun ouvrage, et d'où l'on pouvait la réduire en cendres. Le général Rolland se mit à l'œuvre; des travaux de défense furent exécutés, les hauteurs furent garnies de pièces de gros calibre qu'il avait fait venir de l'arsenal de Toulon.

Deux ans plus tard, le général de Cissey, alors ministre de la guerre, visitait Besançon avec son état-major. Frappé d'étonnement et d'admiration en voyant ce qui avait été fait en si peu de temps, — car, en vérité, cette transformation s'était opérée comme en une féerie, au signal d'un magicien, — le général dit à ses officiers :

— Voilà ce qu'un seul homme a fait. Nous étions plus

de cent mille à Metz ; en avons-nous fait autant ? M. Rolland aura eu l'honneur de jeter les bases des fortifications de Besançon.

Le nom du général est, du reste, attaché à l'un des forts nouveaux : le *Fort Rolland.*

Le cadre nécessairement restreint de ces notices ne nous permet pas de suivre dans ses péripéties terribles cette épopée de quelques mois où tout fut réuni pour accabler cette malheureuse armée : le froid, l'arrivée de Bourbaki avec dix mille malades, l'ennemi resserrant toujours son cercle et l'investissement devenant complet, épidémie de variole (en peu de jours deux mille hommes atteints), peste bovine (en quinze jours douze cents têtes de bétail) ; plus d'argent, monnaie fiduciaire créée avec cours forcé, etc., etc.

Enfin, arriva l'armistice du 28 janvier.

Le 15 février, le général badois Keller demande une entrevue pour établir la ligne de démarcation.

— Je vous accorde dix kilomètres autour de Besançon, lui dit l'allemand.

Mais Rolland se leva et répondit :

— Je ne supposais pas être venu pour recevoir des ordres, mais pour faire un accord. Puisqu'il n'en est pas ainsi, je m'en vais !...

Keller, interloqué, le supplia de rester.

Et, chose étrange, ce fut le vaincu qui imposa ses conditions au vainqueur.

Rolland *obtint, pour lui, presque tout le département du Doubs et l'arrondissement de Saint-Claude.*

Le traité fut envoyé à Bordeaux, mais hélas ! grands furent l'étonnement et le désappointement du gouvernement, qui, pendant que Rolland traitait avec son adversaire direct, avait négocié de son côté avec le comte de Bismarck et n'avait obtenu que dix kilomètres autour de Besançon.

Il était trop tard !

Toutes les fatalités s'accumulaient contre cette pauvre armée ! Avant l'impardonnable oubli de Jules Favre qui la condamna à chercher asile en Suisse, le gouvernement de la Défense nationale n'avait-il pas un jour envoyé au général Rolland, pour le renforcer et remplacer la division du général Dariès, dix mille hommes armés de fusils Enfield ? Seulement, ce même gouvernement avait oublié de leur donner des cartouches, si bien que ces dix mille bouches inutiles devenaient un danger pour la ville, dont les provisions s'épuisaient.

Le 16 mars, les préliminaires de paix ayant été signés, le général Rolland quitta son commandement et bientôt donna sa démission.

Mais quel souvenir il a laissé à Besançon ! Le jour de son départ, les magasins furent fermés, les troupes firent la haie le long de la ligne du chemin de fer, sur une distance de plus de deux kilomètres et l'acclamèrent au passage, les fonctionnaires l'escortèrent, la garde nationale lui remit une médaille magnifique qu'elle avait fait frapper en son honneur, et la municipalité lui offrit un chronomètre, qui est une merveille d'horlogerie.

Il est légendaire dans le pays. Un fait prouvera l'enthousiasme qu'excitait son nom. Lorsque, dans toute la France, on s'ingénia de toutes façons pour amasser les milliards de la rançon, le lycée de Besançon avait organisé une loterie. Le général Rolland y envoya un lot insignifiant.

Du jour au lendemain, quand on sut qu'on pouvait gagner un souvenir du vaillant général, la loterie monta de quatre-vingt-dix mille numéros.

C'est que l'héroïque défenseur de la cité bisontine est un grand patriote, un rude soldat, d'une énergie rare, d'une valeur à toute épreuve, juste, impartial, bienveillant, profondément bon, adoré des vieux loups de mer qu'il commandait, bien qu'ils l'eussent surnommé *Roland le Furieux*.

Partageant toutes les souffrances de ses mobilisés, il avait défendu aux officiers de se montrer devant la troupe avec des gants et des cache-nez, par le froid sibérien, sur les plateaux où l'on élevait les défenses nouvelles. Alors que les malheureux soldats gelés, les pieds enfoncés dans la neige, laissaient parfois tomber la pioche de leurs mains gonflées, bleuies, sanguinolentes, le général était là, au millieu d'eux, sans manteau, sans gants, les encourageant, prêchant d'exemple; et s'ils laissaient échapper une plainte, entr'ouvrant simplement sa tunique et leur montrant sa chemise de marin, il leur disait : — Voyez, je souffre autant que vous, et je suis vieux !

Il vit à Marseille la plus grande partie de l'année, et passe quelques mois dans sa charmante propriété de la *Gratiane*, entre Gardanne et Bouc Albertas; il s'y livre à la culture de la vigne américaine qui lui donne de beaux résultats.

Il a été souvent sollicité par les conservateurs de se présenter à la députation ; au 16 mai, la mairie de Marseille lui fut offerte. Il a toujours refusé mandats et honneurs. Il pense qu'il suffit à sa carrière d'avoir, dans des circonstances aussi terribles, sauvé une des principales forteresses de France du sort dont tant d'autres furent frappées, comme sa plus grande fierté est d'avoir porté glorieusement, à travers toutes les mers, le pavillon aux trois couleurs :

— Je ne suis que capitaine de vaisseau, dit-il; c'est l'honneur de ma vie.

ROSA BONHEUR

C'est au village de By, entre Thomery et Moret, sur la lisière de la forêt de Fontainebleau, tout près de ces mares pittoresques connues de tous les paysagistes sous le nom de *mares de By*, que vit depuis de longues années Mlle Rosa Bonheur, le peintre éminent du *Labourage nivernais* que l'on admire au musée du Luxembourg. Elle habite un chalet très simple, et son atelier, dépourvu d'ornements et de bibelots précieux, ne ressemble en rien aux palais-musées que se sont fait édifier, à grands frais, les peintres, dans le quartier Malesherbes, en ces années regrettées d'avant le krack où la palette était toute puissante et où un portraitiste un peu en vogue, un paysagiste, un peintre de casseroles et de petits oignons, un moderniste habile en modes et en froufrous gagnaient plus d'argent que des agents de change.

Mlle Rosa Bonheur a, depuis longtemps, disparu du mouvement artistique parisien ; elle n'envoie plus au Salon, ni chez les marchands de tableaux ; mais cela ne veut pas dire qu'elle ait renoncé à la peinture ; tout au contraire, elle continue sa vie laborieuse vouée tout entière à son art, et se livre à une incessante production.

L'Angleterre et l'Amérique se disputent ses toiles. Voilà qui explique pourquoi Paris ne voit pas ses œuvres nouvelles. Il ne nous semble pas autrement nécessaire d'expliquer son éclipse au moyen de certaine légende qui prétend qu'elle a fait vœu de ne plus rien donner à son ingrate patrie, par dépit de n'avoir obtenu qu'une médaille de 2ᵉ classe à l'Exposition universelle de 1867. La grande artiste avait eu déjà toute la série des récompenses et reçu deux ans auparavant, de l'Impératrice-Régente, la plus haute de toutes, la Légion d'honneur. Elle n'avait plus rien à attendre, son dépit n'eût pas été justifié.

C'est une véritable dynastie d'artistes, que la famille Bonheur.

Le père, Raymond Bonheur, était peintre ; ses quatre enfants : Marie-Rosa, François-Auguste, Isidore-Jules, et Juliette (aujourd'hui Mᵐᵉ Peyrol) sont peintres ; Rosa et Auguste sont en même temps sculpteurs. Le livret du Salon de 1847 porte les noms du père, de Rosa et des deux fils ; Juliette ne commença à exposer qu'un peu plus tard.

Rosa est née à Bordeaux le 22 mars 1822. Quoique certains biographes la désignent comme élève de Cogniet, il est certain qu'elle n'eut d'autre professeur que son père... et surtout la nature. Tout enfant, elle manifesta sa vocation ; toutes ses facultés se tendirent vers l'étude du dessin et elle y apporta une telle passion qu'elle y sacrifia, pour ainsi dire, son sexe, pour courir librement par bois, monts ou plaines, faire des études. Dans les abattoirs, dans les écuries, aux foires, dans les marchés aux bestiaux, entourée de gens qui ont la parole salée et le geste prompt, des vêtements de femme eussent été gênants ; elle les sacrifia, se fit couper les cheveux, endossa la vareuse et prit le pantalon, la guêtre et le feutre mou.

Elle avait une bonne grosse face garçonnière, bien en point ; aussi le poète espagnol Muratin qui fréquentait beaucoup la famille Bonheur, à Bordeaux, où il était réfugié, appelait Rosa : « Ma boule ronde. »

Cela s'arrangeait à merveille. Elle put, dès lors, se mouvoir librement dans ce monde de vachers, de pâtres, de maquignons et de palefreniers, sans avoir à craindre des entreprises téméraires.

Elle débuta au Salon de 1841 par deux petites toiles : *Deux lapins, Chèvres et moutons.*

Bientôt après, elle eut un succès éclatant et sortit de pair immédiatement avec son superbe *Labourage nivernais*. Son père, qui fut enlevé en quelques heures par le choléra de 1849, avait eu du moins la joie d'assister au triomphe de sa chère élève et aux ovations qui saluèrent ce grand talent nouvellement révélé.

Puis vint, parmi d'autres belles toiles, son *Marché aux chevaux* qui restera un chef-d'œuvre ; à l'Exposition universelle de 1855, elle donna une autre grande composition dans un paysage magistral : *La fenaison en Auvergne,* qui lui valut une médaille de 1re classe.

En 1853, elle fut déclarée exempte du jury d'admission.

Elle succéda à son père dans la direction de l'Ecole impériale de dessin pour les jeunes personnes ; après elle, ce fut sa sœur Juliette qui dirigea le cours.

Pendant la guerre, l'ennemi occupant Fontainebleau, Mlle Rosa Bonheur fut l'objet d'une protection spéciale de sa part, sur l'ordre du Prince Royal de Prusse.

A propos de Rosa Bonheur et de la grande admiration en laquelle l'Impératrice Eugénie tenait son talent, qu'il nous soit permis de relater incidemment une légende assez curieuse, à laquelle, du reste, nous n'ajoutons que la foi vague que méritent les légendes.

Donc, d'après ce racontar, la haine du peintre Courbet

contre l'Empire devrait être attribuée à la circonstance suivante :

L'Impératrice s'était beaucoup extasiée devant le *Marché aux chevaux* de la célèbre artiste, et avait longuement admiré les croupes puissantes des chevaux de trait, qui trottent avec tant d'ardeur.

Ces beaux types de notre superbe race percheronne lui étaient restés dans la mémoire.

Or, quelque temps après son mariage, l'Impératrice alla, en compagnie de l'Empereur visiter le Salon.

C'était celui où Courbet avait exposé sa célèbre femme vue de dos, qui se faisait remarquer par l'ampleur de son rein. Le peintre se trouvait au premier rang d'un groupe se pressant sur les pas du couple impérial.

Attentif, anxieux, il tendait l'oreille, espérant entendre une exclamation d'admiration, un éloge tout au moins :

— Ah ! fit l'Impératrice en souriant, voici une Percheronne !

Courbet, dit-on, n'empocha pas philosophiquement l'épigramme ; dès ce jour, il voua une haine corse à l'Empire et se vengea comme on sait.

Ce qui rentrerait dans la théorie des petites causes déterminant de grands événements.

Mais, nous le répétons, nous n'acceptons cette légende que sous bénéfice d'inventaire, car la vengeance est par trop hors de proportions avec l'injure.

Que deviendrait la place Vendôme, si tous les auteurs sifflés poursuivaient le dessein de déboulonner la colonne !...

PETER'S

Voici une figure parisienne qui eut son heure d'originalité et mérite de prendre place dans cette série des éclipsés.

Vers 1864 et les deux ou trois années suivantes, au restaurant mauresque du passage des Princes, qui s'appelait encore passage Mirès, il y avait deux tables — les deux premières à gauche, à hauteur du comptoir — où prenaient place tous les jours, à l'heure du déjeuner, une quinzaine d'habitués, tous écrivains, compositeurs de musique, auteurs dramatiques, journalistes; M. de Villemessant, qui s'était fait le protecteur, le Barnum du restaurateur, présidait cette réunion; près de lui, Offenbach, dans tout l'éclat de son talent et de son succès; Léo Lespès, vêtu de velours et cravaté de soie rouge, avec une chaîne de montre grosse comme une corde à puits, une de ces chaînes sans doute avec lesquelles Polydore Millaud, le créateur du *Petit Journal*, attachait à lui son merle blanc, le triomphant Timothée Trimm; Albert Wolff, Adrien Marx, Henri Rochefort, Philippe Gille, Théodore de Grave, et maints *et cœtera* qui avaient tous une notoriété, beaucoup d'esprit et de gaieté.

On se pressait dans le restaurant; pas une table libre; on faisait assez bonne chère et l'on buvait d'excellentes boissons américaines, spécialité de la maison.

Entre les tables circulait un jeune ours familier qui venait cueillir dans votre assiette ce qui lui plaisait et que tout le monde trouvait un animal fort aimable, jusqu'au jour où ses caresses devenant un peu sauvages, on le mangea pour n'être pas mangé par lui.

A la devanture, dans une sorte de vivier que l'on apercevait du passage et devant lequel s'arrêtait une foule idolâtre, il y avait une tortue vivante, destinée, elle aussi, à être métamorphosée en excellente soupe.

Cet établissement original et qui eut, à cette époque, un succès colossal, avait été fondé par un Français mâtiné d'un Américain, lequel avait américanisé son nom et signait Peter's.

Cet homme d'imagination est certainement, de tous les cuisiniers et maîtres d'hôtel, celui qui a le plus voyagé, et, comme on dit, le plus *roulé sa bosse* dans les deux hémisphères.

Il connaît l'Amérique mieux qu'Élisée Reclus et s'y ruina trois fois, après un séjour en Californie.

De ces luttes, de cette vie agitée, de cette succession d'opulence et de ruine, il était résulté un homme de ressources, avec l'esprit d'initiative, l'audace et le *puffisme* américain.

M. de Villemessant l'aida de sa puissante réclame, réclame imprimée, réclame parlée, et posa du premier coup cet oseur, intelligent et hardi. Il choisit son restaurant pour y donner ces fameux soupers du *Figaro* où tout ce qui avait un nom dans Paris, aussi bien dans les hautes sphères du gouvernement, des ministères et des grands états-majors de tout ordre, que dans la littérature et les arts, se disputait les places ; ces soupers de 600 couverts où Peters oganisait des menus extraordinaires, avec des pièces phénoménales comme au repas de Gargantua : entre autres, un saumon de 80 livres, un roastbeef de 500 livres, un pudding de 300 livres, une truffe de 4 à 500 grammes à chacun des convives. Après quoi, toutes les étoiles de première grandeur du chant arrivaient et rivalisaient de talent, et un concert avait lieu dont M. de Rothschild lui-même n'eût pu réaliser le programme.

Peters amassa une fortune rapide, mais il n'était pas homme à faire prudemment Charlemagne. Il estimait que « changer, c'est vivre », et le démon de l'entreprise lui souffla des conseils funestes. Il vendit 600,000 francs son restaurant à Noël, et alla fonder, près du Vaudeville, nouvellement construit, le Café Américain, où il avait installé des cuisines à vapeur fort curieuses dans lesquelles les aliments cuisaient instantanément, et où, malheureusement, sa fortune se vaporisa. La déveine était arrivée. Un beau jour, il partit pour Philadelphie, mais n'y réussit pas.

Peu de temps après, on le retrouvait à Asnières dans un piteux petit restaurant. Chute douloureuse et complète.

Il a tenté encore de se refaire en Russie ; puis s'est, pendant un temps, fixé à Colombes, où il s'occupait de l'élevage des volailles. L'hiver dernier, il était à Nice, maître d'hôtel du Garden-House : cela ne lui a pas réussi et il est revenu à Paris.

Nous l'avons aperçu, l'été dernier, à Deauville, se promenant comme un bon gros rentier. La malechance l'a vieilli ; ses cheveux ont blanchi ; mais il est encore solide.

Et, malgré tout, qui sait si ce joueur, maltraité par la série à noire, ne retrouvera pas un de ces jours une séquence triomphante et si nous ne verrons pas ressusciter le Peters, le « glorieux » du passage des Princes.

LE GÉNÉRAL DELIGNY

Il gagna ses épaulettes de capitaine à Isly.

À Metz, en 1870, il commandait l'héroïque division des voltigeurs de la garde.

Entre ces deux dates, toujours guerroyant, en Afrique et partout où furent engagées nos armes, il fut sans cesse à la peine, au danger, et acquit un renom de valeur et de mérite militaire qu'il a justifié par les plus éminents services. Il a laissé des souvenirs vivaces chez tous ceux qu'il a commandés, auprès desquels il a combattu, et la haute et universelle estime dont il jouit dans l'armée et l'a accompagné dans la retraite dit assez ce que fut ce soldat, dont la modestie a toujours égalé la bavoure.

Il se signala particulièrement dans les expéditions de la grande Kabylie; ses états de service sont pleins de citations à l'ordre, d'actions d'éclat, de glorieuses blessures.

Après la capitulation de Bazaine, il fut prisonnier à Munster. Là, il écrivit une brochure: *Le Siège de Metz*, qui eut du retentissement.

« Ni les officiers ni les soldats, y dit-il, ne pouvaient
« admettre qu'on vînt leur enlever leurs drapeaux, sous
« lesquels ils avaient combattu, qu'on leur avait appris à
« honorer et qu'ils avaient défendus au prix de leur vie. Ils
« eussent voulu au moins se donner la triste consolation de
« les préserver de toute profanation celles détruisant et en
« s'en partageant les lambeaux.

« Quand arriva le moment de la séparation, il y eut des
« scènes émouvantes qui honorent à la fois le chef et le
« soldat, dont les Prussiens eux-mêmes furent vivement
« impressionnés. L'heure venue, on se quitta, les larmes aux
« yeux, mais la conscience tranquille, et en emportant de
« part et d'autre la satisfaction que donne le devoir loyale-
« ment accompli. »

Après la guerre, le général Deligny fut appelé au commandement du 4ᵉ corps, au Mans. Les manœuvres qu'il dirigea en 1876 furent très remarquées.

L'aumônier du corps était, à cette époque, M. l'abbé Charles Morancé, dont la conduite à l'armée de la Loire avait été sublime; la bravoure sereine avec laquelle il allait soigner, relever les blessés à travers les ouragans de mitraille, consoler les agonisants et les aider à bien mourir l'avait fait adorer des mobiles de la Sarthe.

Jamais aumônier ne fut plus aimé ni plus regretté du soldat.

Au 4ᵉ corps, ce souvenir l'avait suivi et, là aussi, il jouissait du respectueux attachement de tous. Le général Deligny l'avait en grande estime et en vive affection ; très peu communicatif, vivant dans la plus étonnante simplicité et un peu isolé, il recherchait la société de ce bon et doux prêtre qui était un héros.

M. l'abbé Morancé, dans ses fréquentations quotidiennes, avait pu apprécier les nobles qualités de son chef et lui avait voué aussi un profond attachement.

Dans un livre très remarquable, le vénéré aumônier du 4ᵉ corps a tracé du général Deligny le portrait que voici :

« On ne peut le connaître sans s'attacher à lui. Il dirige son

« corps d'armée sans se laisser voir beaucoup, et pourtant
« l'on sent sa puissante organisation. Aucun homme n'appré-
« cie mieux le prix du temps et ne sait mieux l'employer.
« Homme de volonté, déterminé par un grand amour de son
« noble métier des armes, en Afrique, il a étendu les limites
« de la patrie et de la civilisation. Cœur capable, aujourd'hui
« comme au printemps de sa carrière, des élans de bravoure
« les plus généreux, esprit didactique, se portant d'instinct à
« son sujet par la méthode la plus simple, il devient le plus
« charmant conteur quand on peut amener la conversation
« sur les hauts plateaux de la Kabylie ou sur les bords de la
« Mina. Avec quelle émotion on écoute sa verve originale,
« claire, vivante ! »

. . . .

« Un jour, perdu dans un ravin, il veut rallier ses hommes
« que la neige aveugle, il ordonne au clairon de sonner, avec
« l'espérance d'être entendu du gros de l'armée. Vaincu par
« le froid, à bout de forces, le clairon désespéré répond :

« — Mon colonel, comment voulez-vous que je sonne,
« puisque j'ai la gueule gelée ? »

. . . .

Voilà plusieurs années déjà que le général Deligny a quitté le service actif. Il habite aujourd'hui sa campagne de la Goupillère, tout près de Ballan, le pays où il est né.

Il vit là en philosophe, désintéressé du présent et n demandant qu'à être oublié.

EUGÈNE CORMON

On rencontre quelquefois, dans les rues de Versailles, un petit vieillard propret, à l'aspect respectable, physionomie douce, œil bon, sourire indulgent; impossible, en le voyant, de ne pas songer que la pratique de la vertu pendant une longue existence a, seule, pu mettre sur ses traits la douce sérénité que l'on y admire.

Ne vous y fiez pas!

Cet homme a sur la conscience une telle quantité de meurtres, de vols, de parricides, de suicides, d'enlèvements, de viols, de crimes de toutes sortes, que l'on se demande par quel miracle d'audace cette âme ténébreuse ose affronter la lumière, et quel dessein caché poursuit le chef de la Sûreté, pour laisser se promener dans les rues, placide comme un brave commerçant retiré, ce vieillard louche dont il ne saurait ignorer l'existence, et qui vient le braver jusque dans Paris, où il passe la moitié de sa vie.

Eugène Cormon n'opère jamais seul; il a la spécialité de découvrir les « coups à faire ». Quand il en a déniché un, il va trouver un de ses complices qui le tourne, le retourne, le mijote et le met au point. Celui de ses complices qui s'est le plus souvent associé à ses crimes est connu sous le nom de d'Ennery; leur carrière a été féconde; ils se sont partagé de véritables trésors; il suffit de rappeler, parmi cent autres, l'affaire de *Paris la nuit*, l'affaire des *Crochets du père Mar-*

tin, le crime des *Deux Orphelines*, celui d'*Une Cause célèbre*, etc.; d'autres malfaiteurs ont été mêlés aussi à sa dangereuse carrière : Laurencin, Eugène Grangé, Michel Carré entre autres, tous noms qui suent le crime.

Au fond, il n'éprouve aucun repentir et n'a, de sa vie passée, que le regret de ne pouvoir la recommencer tout entière et d'avoir un peu vieilli pour les belles personnes qui incarnaient ses héroïnes.

Car c'est, au demeurant, le meilleur, le plus galant homme et aussi l'homme le plus galant du monde; son talent seul égale l'honorabilité de son existence.

Il est venu tout jeune à Paris, de Lyon, où le nom de sa famille est connu et considéré dans la librairie.

Il a donné plus de deux cents pièces à tous les théâtres de Paris, à peu près toujours en collaboration et, le plus souvent, comme nous l'avons dit, avec la complicité d'Adolphe d'Ennery.

La Comédie française a joué un *Corneille et Rotrou* de lui.

L'ancien Opéra national fit son ouverture avec un ouvrage de lui également : *Castibelza*.

Il donna au Théâtre-Lyrique, *les Pêcheurs de perles* dont Bizet, le grand musicien, alors méconnu, et tant regretté aujourd'hui, écrivit la partition pleine de jolies choses qui passèrent inaperçues et que l'on est si heureux de découvrir et de ressusciter maintenant.

L'Opéra a eu aussi un livret de lui : *le Docteur Magnus*. On lui doit encore les *Deux Orphelines* et la *Cause célèbre* qui ont fait couler tant de larmes et amené le Pactole dans sa caisse.

Et parmi tous les pleurs qu'il a fait verser, il faut commencer par compter les siens; car nul n'est plus attendri que lui par les malheurs qu'il met en scène, personne ne verse des larmes plus sincères aux péripéties émouvantes.

Quand il lit ses pièces aux acteurs, il est, suivant les phases du drame, tantôt une Madeleine éplorée, tantôt un joyeux compère qui rit à ventre déboutonné.

L'ABBÉ BAUËR

Il y a quelques années, le général de Gallifet, dans ses promenades quotidiennes au Bois, se croisait toujours avec un cavalier trapu, à forte barbe, montant élégamment un *cob* assez vigoureux ; et, à chaque rencontre, le cavalier lui envoyait un grand coup de chapeau.

— Quel est donc ce monsieur que je ne connais pas et qui me salue sans cesse ? demanda-t-il un jour.

— Comment ! vous ne le reconnaissez pas, général ? mais c'est l'abbé Bauër.

— L'abbé Bauër ? L'ancien aumônier des Tuileries ?... Ce *horseman,* planté sur sa selle comme un reître, serait l'ancien prédicateur de la Cour ?..

— Lui-même !

Le lendemain, il se croisa encore avec le cavalier qui, cette fois, lui fit, en y mettant une certaine affectation, le salut militaire.

Le général y répondit par un salut tout à fait pastoral, et, de la main, onctueusement, lui envoya sa bénédiction.

C'était, en effet, l'abbé Bauër. Un type curieux et intéressant dont la vie a été un roman.

Né à Pesth, en 1829, d'une famille israélite, il abandonna ses cours d'étudiant, en 1848, pour venir servir comme volontaire sous Cavaignac. Puis, après avoir fait divers métiers, avoir été peintre, photographe, il embrassa le catholicisme et entra dans l'ordre des Carmes qu'il a quitté depuis.

Il acquit un renom d'éloquence et se fit entendre avec succès en Allemagne, en Autriche, en Italie et en France.

La reine Isabelle le recommanda à l'Impératrice, et, en 1866, il fut appelé à Paris pour prêcher le carême à la Cour.

L'année suivante, il fut spécialement attaché commé desservant à la chapelle des Tuileries et, en 1868, élevé à la dignité de protonotaire apostolique.

Il accompagna l'Impératrice en Égypte, lors de l'inauguration du canal de Suez. Il bénit même l'union des deux mers qui n'ont eu, du reste, qu'à se louer de ce mariage et ont, depuis, vécu dans la plus parfaite harmonie, entourées de l'estime et de l'affection des actionnaires, sans compter la haute considération des obligataires.

Pour cette cérémonie, le bateau n'ayant pas de chapelle et l'autel faisant défaut, on dut s'ingénier à en élever un ; à cet effet, on monta sur le pont le piano à queue du salon impérial, on le recouvrit des ornements sacerdotaux, et l'abbé Bauër y dit sa messe ; après quoi, on réintégra l'instrument dans la cabine et l'on y joua, paraît-il, le quadrille d'*Orphée*, en manière de hosannah !

L'abbé Bauër a publié divers livres : *le Judaïsme comme preuve du christianisme*, conférences prêchées à Vienne (1866) ; le *But de la Vie*, sermons prononcés aux Tuileries devant l'Empereur et l'Impératrice ; puis une brochure politique : *Napoléon III et l'Europe en* 1867, qui eut un assez grand retentissement.

Pendant la guerre, il fut l'aumônier des ambulances de la presse. Remuant, actif, botté, éperonné, cavalcadant, sa soutane étendue comme un manteau sur la croupe de son cheval, il donnait l'idée de ces moines soldats du moyen âge, qui portaient la cotte de mailles sous la robe de bure, tenant volontiers le crucifix d'une main et de l'autre une épée.

Un de ses amis et de ses admirateurs, un gentilhomme parisien, avait pris auprès de lui l'emploi d'écuyer et s'était dessiné pour cet emploi un costume spécial qui attirait les regards.

L'abbé se faisait suivre aussi d'un secrétaire, qui était un israélite.

Ce cortège théâtral ne laissait pas que d'exciter quelque peu la verve des gouailleurs.

Dans un journal, on blagua un jour les belles bottes de l'aumônier. Pris d'une colère peu évangélique, l'abbé menaça de les montrer de beaucoup plus près, ou du moins d'en faire éprouver la solidité dans la partie postérieure du blagueur. On respecta alors ses convictions ; on ne plaisanta plus les bottes, on se contenta de les admirer.

Il les porta encore pendant la Commune, mais pas longtemps. Craignant quelque mésaventure, il se déguisa un beau matin en marchand de bœufs et réussit à atteindre Versailles.

Plus tard, l'abbé Bauër voulut recommencer à prêcher le Carême. Qu'était-il advenu? Ne se trouvait-il plus dans l'état de grâce et de pureté obligatoire à ceux qui enseignent la parole divine? Toujours est-il qu'un ordre de l'Archevêché l'empêcha de poursuivre son projet.

A partir de ce moment, plus d'abbé, plus de monsignor. Il acheta chevaux, voitures, se montra régulièrement dans l'allée des Cavaliers, eut un fauteuil au deuxième rang de l'orchestre à l'Opéra, et, comme abonné, ne fut pas un des moins assidus au foyer de la danse, où il changea le thème de ses sermons et prouva, clair comme le jour, que le *But de la vie* est l'amour.

Depuis quelque temps, il ne va plus au Bois... les lauriers sont coupés. Pendant l'été, il habite le château de Chatenay, près Sceaux, où dit-on, il suit une retraite sévère. Mais l'hiver, il revient dans la Babylone pour y reprendre sa place de Parisien parisiennant.

MADAME PORCHER

Dans les mémoires, racontars, causeries d'Alexandre Dumas, on trouve à tout bout de champ, cette phrase : « Je montai chez Porcher. »

« Je montai chez Porcher » voulait dire : « J'allai chercher des louis. » Il n'avait aucune raison « d'aller chez Porcher », si ce n'est celle, bien suffisante, d'ailleurs, de ravitailler son porte-monnaie qui n'était autre que le tonneau des Danaïdes.

Je me trompe : il y avait encore celle, importante aussi, de contempler Mme Porcher qui était une fort belle personne, dont la main était d'une duchesse et le bras réputé pour le plus beau du monde et qui, malgré ces dons supérieurs, n'avait pas dédaigné de se faire une renommée sans conteste dans l'art de confectionner les confitures et de préparer les cornichons.

Dumas le savait bien et faisait une grande consommation des uns et des autres. M. Porcher était marchand de billets ; c'est-à-dire, pour ceux qui ne sont pas au courant des choses de théâtre, qu'il se chargeait de placer et d'écouler les billets que reçoivent les auteurs comme partie de leurs droits. Le marchand les achète 50 0/0 à l'auteur, et les vend ce qu'il peut, quelquefois ce qu'il veut, selon le plus ou moins de succès d'une pièce. Commerce lucratif, car tous les marchands de billets ont réalisé de grosses fortunes.

Aussi a-t-on souvent recours à eux, dans les moments difficiles, et il faut leur rendre cette justice qu'ils ont arraché à la misère bien des pauvres diables qui, sans eux, n'eussent pu poursuivre leur carrière. Porcher a été la Providence, le Saint-Vincent de Paul de cent auteurs dramatiques qui, après des débuts pénibles, ont fini par conquérir réputation et fortune.

Il est mort, il y a longtemps déjà, de la goutte.

Mme Porcher a continué son commerce avec une intelligence, une probité et une bonté à laquelle Barrière, Brisebarre, Lambert Thiboust, Victor Séjour et tant d'autres, sans compter Dumas père, ont dû d'échapper aux angoisses des mauvaises années et partant aux conséquences des échecs. Cœur ouvert à toutes les infortunes, elle a toujours fait preuve d'une générosité qui, comme toutes les générosités, a produit plus d'ingratitude que de reconnaissance.

Elle avait à Belleville une fort belle villa où elle recevait magnifiquement et avec beaucoup de tact une société tout artistique.

Des malheurs de famille ont fermé la maison, mais la caisse de Mme Porcher ne cessait pas de rendre des services. Que de noms, et des plus illustres, et des plus riches, inscrits à son grand-livre, qui, sans elle, eussent disparu sous l'éteignoir de quelque administration, ou sous les loques de la misère.

En ces derniers temps, Mme Porcher ressemblait à une aïeule de grand air, et malgré ses cheveux blancs, il était facile de retrouver encore les traces de sa beauté sculpturale.

Quoique fort âgée, elle n'en continuait pas moins ses relations avec les auteurs dramatiques. Elle avait installé son office rue Milton, à deux pas du siège de la Société qui a pour agents généraux MM. Debry et Roger.

Nous avons parlé de son talent à confectionner les confitures et les cornichons.

Un jour, Dumas n'ayant pas un sou et se trouvant quatre heures de voiture sur les bras monte chez Mme Porcher demander un louis.

En s'en allant, il aperçoit un bocal de cornichons si appétissants qu'il s'extasie; Mme Porcher le lui offre et envoie sa bonne le porter à la voiture du maître.

Dumas la suit, monte en fiacre, prend le bocal et fouille dans sa poche pour offrir un pourboire à la servante. Il en retire le louis unique qu'il venait de recevoir, le donne et rentre chez lui, sans le sou, comme devant, pour payer sa voiture.

Tout Dumas est là.

CLUSERET

Il y a trois ou quatre ans, on me montrait, dans un bureau de rédaction de journal, deux tableaux, représentant des vues de Stamboul, qui y avaient été déposés pour être vendus. Les toiles étaient assez jolies.

— Vous voyez la signature ! me dit-on.
— Cluseret !... Comment, serait-ce le Cluseret qui...?
— Lui-même, oui, le Cluseret qui...
— Le général Cluseret ?
— Parfaitement.

Et elles étaient, en effet, du général Cluseret qui, las de la politique et plus encore de ses coréligionnaires, dont il n'a pas eu toujours à se louer, s'est retiré à Constantinople et s'est improvisé peintre-paysagiste.

Ce n'était pas le premier venu que Cluseret. C'était une intelligence et c'était un brave soldat.

Originaire de Suresnes, il s'est fait naturaliser citoyen américain. Elève de Saint-Cyr en 1841, puis sous-lieutenant en 1843, lieutenant en 1848, il fut pris à son régiment, dès cette dernière nomination, pour commander un bataillon de garde mobile, à la tête duquel, aux journées de Juin, il enleva, en six heures, onze barricades et trois drapeaux. Il fut décoré.

Il rentra dans l'armée régulière avec son ancien grade

seulement, au 8ᵉ bataillon de chasseurs, fit campagne en Afrique et, à son retour en France, quitta le service.

M. de Carayon-Latour se l'attacha comme régisseur de ses propriétés. Mais l'esprit d'aventures et les aspirations politiques de Cluseret étaient peu propres à ce genre de vie, aussi se lança-t-il bientôt dans l'agitation révolutionnaire.

En Amérique, en Italie, en Irlande, il fit parler de lui ; en France, il eut pour domicile habituel Sainte-Pélagie et Mazas. Il y était même à la fin de la Commune et s'en échappa au moment de l'entrée des troupes. Il se réfugia en Suisse, à Genève, y vivant à l'écart des autres réfugiés, dans l'intimité du colonel Reinhold et s'occupant de toutes les questions militaires européennes.

En 1877, on le retrouve à Constantinople, briguant un poste élevé dans l'armée ottomane ; mais il ne put lutter contre l'influence prussienne qui fit repousser ses demandes et avorter ses démarches.

Las de ces difficultés, irrité de cette ingérence allemande dans ses projets, il revint en France pour collaborer au journal de Félix Pyat, *la Révolution*. Il avait été soupçonné par son parti d'avoir reçu de M. Thiers des propositions de trahison qui devaient se solder par une somme énorme.

Les articles qu'il donna à *la Révolution* furent surtout un plaidoyer contre les accusations de vénalité ; dans l'un d'eux, il malmena fort la population de Marseille qui lui avait toujours témoigné une grande hostilité.

Mais il ne put continuer la campagne ; le champ de bataille se déroba sous ses pas : *la Révolution* sombra, et, Cluseret, à bout de dégoûts et d'écœurements, retourna se faire Turc à Constantinople, et entra dans les régions sereines de l'art.

MADAME ARNOULD PLESSY

Mme Plessy a été, à la Comédie française, le type achevé et parfait de la grande dame.

Nulle artiste n'eut, plus qu'elle, la grâce noble, l'aisance et l'autorité un peu hautaine des castes aristocratiques.

L'adorable Plessy! disent encore tous ceux qui se souviennent.

Un soir, aux feux de la rampe, malgré l'enchantement que sa voix répandait toujours dans la salle, l'ombre de son âge lui a fait peur.

Et elle est partie, quittant cette scène où elle ravissait tout le monde, pour le professorat où, après Mlles Llyod, Thénard, Tholer et Chartier, elle a eu pour élève... Mlle Léonide Leblanc.

Mais c'est surtout aux femmes du monde, portant de ces noms qu'elle savait relever de tant de noblesse sur la scène, que Mme Arnould Plessy enseigne l'art de bien dire.

Si vous pouviez être introduit, le matin, dans son appartement de la rue Boissy-d'Anglas, de quel spectacle charmant ne jouiriez-vous pas? Un peintre nous devrait ce tableau.

Mme Plessy est assise dans la bergère de son salon, une petite table à côté d'elle, où par instants le bras s'appuie et la belle main s'allonge. Un bonnet blanc de dentelles encadre la figure toujours allumée d'un joli feu intérieur, et ses yeux clairs suivent en détail les moindres gestes de ses élèves, de même que son oreille fine est tendue aux plus légères intonations.

Et si elle dit : — Madame, ce n'est pas cela !

La femme du monde, attentive et obéissante, recommence et serait tentée de lui dire :

— Apprenez-moi à être marquise !

Ce n'est plus que les soirs de grandes premières, et dans une loge qui lui est réservée en ces occasions, que l'on revoit M™° Arnould Plessy à la Comédie française. Ajoutons qu'elle était simplement pensionnaire de ce théâtre quand elle résolut de se retirer, après en avoir été sociétaire pendant plusieurs années. Une fugue en Russie lui avait fait perdre le sociétariat.

L'été, sa retraite du monde est plus complète encore; le professeur de la rue Boissy-d'Anglas disparaît, comme a disparu l'artiste, dans une campagne, superbe, au reste, du Dijonnais.

LE GÉNÉRAL MILLOT

Depuis son retour du Tonkin, après les événements trop rapprochés de nous, et surtout trop infestés de politique, pour être jugés avec toute l'impartialité nécessaire, il n'a plus été question de lui.

Ce brave officier, qui a eu de belles pages dans sa vie militaire et a été plusieurs fois cité à l'ordre de l'armée, est tombé dans l'oubli profond.

Il devait finir ainsi, ayant versé dans la politique; pour un soldat, cette première chute entraîne nécessairement l'autre.

Il a eu des débuts brillants. Lieutenant et capitaine au 1er régiment de tirailleurs indigènes, toujours combattant aux avant-gardes dans les nombreuses expéditions qui amenèrent la conquête de la Grande Kabylie, il se fit hautement apprécier, et, quand cette conquête fut assurée, le maréchal Randon le félicita devant le régiment et le proposa pour la Légion d'honneur.

En Cochinchine, il obtint une citation à l'ordre de l'armée.

A Forbach, le 6 août 1870, il se battit comme un lion et se retira un des derniers avec son régiment, le 55e de ligne, qui avait par trois fois chargé l'ennemi et laissé sur le terrain un tiers de son effectif.

Blessé à Rezonville le 16, mis à l'ordre de son corps d'armée, il fut renvoyé par les Prussiens, lors de la capitulation de Metz, comme impropre à tout service.

Ce qui ne l'empêcha pas de commander le 57ᵉ de marche à l'armée de l'Est.

Au combat de Nuits, ses bataillons ne purent entrer à temps en ligne, mais ce n'était pas sa faute; dans le désordre et l'incurie qui présidèrent à la plupart des plans d'opérations pendant cette malheureuse période, on avait donné au 57ᵉ l'ordre de rejoindre Beaune par la voie ferrée encombrée, au lieu de l'envoyer par la route, la distance n'étant que de 13 kilomètres; il en résulta que cet appoint, qui eût pu déterminer un succès très franchement dessiné jusqu'alors, arriva seulement lorsque l'on s'était décidé à la retraite devant des renforts ennemis qui, eux, ne se faisaient pas attendre.

A ce moment, M. Millot fut promu colonel hors cadre et placé à la tête d'une brigade. Il eut sous ses ordres les 32ᵉ et 57ᵉ régiments de marche et les mobiles de la Gironde, commandés par le brave et si regretté de Carayon-Latour.

On le trouve, avec cette brigade, aux combats de Chenebier, de Villers-la-Ville et de Dannemarie; au second de ces engagements, il oblige les Prussiens à fuir en désordre sur Villersexel, ce qui lui vaut une citation à l'ordre de la division Cremer.

Mais, par suite de circonstances indépendantes de sa volonté, il ne put éviter la triste nécessité d'entrer en Suisse avec plusieurs corps de l'armée de Bourbaki.

Il fut interné à Berne.

Comme général de brigade, il commanda la place de Paris, puis, promu divisionnaire, on lui confia, en 1883, la 6ᵉ division militaire qui est chargée de protéger la Chambre des députés. C'est le lot des généraux politiques et la pépinière des ministres de la guerre. MM. Thibaudin et Campenon l'ont commandée.

Il la quitta pour occuper la plus haute fonction que puisse ambitionner un soldat, celle de général en chef; on lui donna le commandement du corps expéditionnaire du Tonkin.

Cet honneur lui fut accordé sous le ministère Campenon; toutefois, la nomination avait été arrêtée en principe par le général Thibaudin, le prédécesseur du général Campenon à la Guerre.

M. Millot partit le 23 décembre 1883, en compagnie de sa femme, sur le *Vinh-Long,* où prenaient également passage les généraux Brière de l'Isle et de Négrier.

Sous son commandement en chef, Bac Ninh a été pris; une marche à travers un pays hérissé d'obstacles et infesté de pirates a été une des opérations les plus ardues et les plus glorieusement accomplies du corps d'armée, pendant cette première période de la campagne.

Aussi le gouvernement éleva-t-il le général Millot à la dignité de grand officier de la Légion d'honneur.

Mais bientôt, quelques insuccès dont on le rendit responsable portèrent atteinte à sa réputation de chef d'armée.

Fatigué, écœuré, se sentant impopulaire parmi ses troupes, il demanda à rentrer en France.

Et il revint... diminué sinon amaigri.

Il est à remarquer, du reste, que tous les généraux qui ont exercé un commandement de terre dans cette étrange expédition en sont revenus amoindris. Seul, le nom du général de Négrier s'y est auréolé de gloire.

Le général Millot habite Paris, dans le quartier des Invalides. Tous les matins, il se rend au Val-de-Grâce pour y recevoir la douche bienfaisante aux rhumatisants. C'est sa promenade habituelle. Il n'a plus de fonctions.

Mais le fait d'avoir commandé en chef lui assure son maintien au cadre d'activité jusqu'à soixante-dix ans.

AUGUSTINE BROHAN

La dernière grande soubrette de la Comédie française, d'où elle est partie en 1868, après vingt-huit ans d'ovations, et avec une retraite dont le chiffre exact est de 6,400 francs.

J'ai dit soubrette, mais j'en demande pardon, si elle l'exige, à celle qui collabora sous le pseudonyme de « Suzanne » à l'ancien *Figaro*, en me rappelant cette devise :

— *Coquette ne veux, soubrette ne daigne, Brohan suis.*

La vive, la pétillante Augustine Brohan n'est plus, à cette heure, qu'une banale propriétaire de Paris et de la banlieue, perdue dans la foule, ayant une maison avenue de Malakoff, une autre rue Volney, ci-devant Saint-Arnaud, — et la troisième à Ville-d'Avray. Elle en possédait une quatrième, avenue Gabriel, et l'a dernièrement vendue au prix de 350,000 francs.

Augustine Brohan avait, dans ses plus belles années, une myopie célèbre ; elle est presque aveugle aujourd'hui.

Une dame de compagnie lui sert de lectrice, car, si elle écrit encore, mécaniquement, il lui est difficile, impossible même, de déchiffrer une lettre, si courte qu'elle soit.

Vivant à part du monde, — et de tous les mondes — ne recevant que sa mère Suzanne, sa sœur Madeleine et Jeanne Samary, sa nièce, elle n'en suit pas moins, cependant, le mouvement du théâtre et de la littérature et se fait lire régulièrement le compte rendu de la dernière pièce et le livre nouveau.

Guidée comme toujours par sa dame de compagnie, elle arrivait, il y a quelque temps, chez un libraire.

— Je vous reconnais bien, madame, dit celui-ci ; vous êtes mademoiselle Augustine Brohan.

Et elle, de répondre sèchement :

— Oui, monsieur, je la fus !

Elle n'est plus, en effet, Mlle Augustine Brohan.

Elle est Mme la Baronne David de Ghest, veuve depuis l'an dernier.

ÉMILE OLLIVIER

La Mouette! Un creux de rocher provençal, modeste comme l'oiseau marin dont il porte le nom, près Saint-Tropez; c'est là que passe l'hiver M. Émile Ollivier, lequel se donne des airs d'albatros, « le grand oiseau des mers », comme dirait le poète Charles Baudelaire.

A la Mouette, c'est la vie intime de famille, avec son père, le vieux Démosthène qui, dans ses anciens jours les plus bruyants, n'a jamais été Démosthène que de nom, avec sa femme, Mlle Gravier, de Marseille, qu'il a épousée en 1869, avec ses enfants dont l'aîné a pour mère Mme Ollivier, la fille de Listz.

M. Émile Ollivier règne dans cet intérieur; il y est l'objet d'un culte et d'une admiration, qui le font croire à son infaillibilité. Et alors, drapé dans une lévite sévère, il va travailler à une apologie de sa politique, d'une plume aussi abondante que sa langue l'était autrefois.

Au mois d'avril, M. Ollivier vient reprendre pied à Paris, où il a un hôtel ou, plus exactement, une villa sur les hauteurs de Passy, rue Desbordes-Valmore.

Là, le cabinet de travail, dont les deux fenêtres ouvrent sur le jardin, ressemble à une petite salle d'étude de collège : des pupitres, des bureaux et une bibliothèque en bois noirci; ce sont les seuls meubles. Comme objet d'art... le buste du père Démosthène. Son portrait, à lui, est dans le salon; il est représenté tel qu'il était en 1848.

Ce salon, en forme de parallélogramme, a ses banquettes de velours rouge collées aux murs : on pense aux divans des cafés.

C'est que cette pièce était disposée de telle sorte que M. Émile Ollivier, parlant debout devant la cheminée, pouvait embrasser tous ses auditeurs du regard. Malheureusement, il n'a pas eu le temps d'en profiter. L'inauguration n'en fut faite qu'à la veille de sa chute, et il n'y a plus parlé que dans une solitude relative.

En fait d'originalité, M. Émile Ollivier n'a guère que celle de s'habiller à la mode du tailleur de Saint-Tropez et de porter des chapeaux de province, qui voyagent d'un côté à l'autre de la tête, ou vont se perdre sur l'occiput, quand ils ne déménagent pas sur le collet de la redingote.

Notons pourtant les verres des lunettes — très larges et tout spéciaux, depuis vingt-cinq ans qu'il a les pareils embranchés sur le nez. C'est à croire qu'il tenait un stock d'oculiste dans son ancien appartement de la rue Saint-Guillaume. Les points de vue ont pu varier chez cet homme politique; les lunettes, jamais!

La correspondance la plus régulière de M. Émile Ollivier est adressée à M. Darimon.

M. Émile Ollivier, malgré les souvenirs de 1870, s'est présenté à la députation dans le Var. Il ne fut pas nommé.

Aujourd'hui, il semble en avoir pris son parti et renoncer à la politique.

LE GÉNÉRAL LEBRUN

Pendant la guerre franco-allemande, il eut la gloire de commander le 12ᵉ corps, qui s'est à jamais illustré par l'héroïque défense de Bazeilles.

Il a fait paraître, il y a trois ans, un résumé fort intéressant de toutes les opérations entreprises jusqu'au 1ᵉʳ septembre. Ce livre, intitulé *Bazeilles-Sedan*, a soulevé quelques polémiques, une entre autres à l'occasion de la charge légendaire de Sedan, dont le général Lebrun attribue le commandement au général de Bauffremont, alors que la tradition générale veut qu'elle ait été menée par le général de Galliffet. Il s'ensuivit un échange de correspondance aigre-douce dont le succès du livre s'est ressenti, car il en a été tiré plusieurs éditions rapidement enlevées.

Le général Lebrun sort de l'état-major. Il a toujours été considéré comme un officier de haute valeur. Son nom est cité à l'ordre de l'armée d'Afrique et de celle d'Orient. Dans plusieurs circonstances de sa vie militaire, il a, par ses conseils, rendu de signalés services aux généraux dont il était le chef d'état-major. Sans parler de l'assaut de Malakoff où il assista, en cette qualité, le général de Mac-Mahon, nous citerons la bataille de Magenta où ses avis écoutés ne contribuèrent pas peu à assurer la victoire au 2ᵉ corps de l'armée française.

Un peu de la gloire dont s'était couvert Mac-Mahon, en cette journée mémorable, rejaillit légitimement sur lui; il reçut la plaque de grand-officier de la Légion d'honneur. Il y avait à peine deux mois qu'il avait été promu général.

Durant sa captivité à Aix-la-Chapelle, après Sedan, on lui offrit de s'évader. Il reçut un matin la visite d'une personne se disant envoyée par M. Testelin, commissaire de la Défense nationale, à Lille. On lui proposait un commandement important à l'armée du Nord, alors en formation.

Le général Lebrun répondit :

— Je ne sais pas bien quelle est l'étendue des pouvoirs de M. Testelin, mais veuillez, dans tous les cas, lui faire savoir que je ne saurais manquer à la parole d'honneur qui m'engage vis-à-vis des chefs de l'armée prussienne. Toutefois, si le délégué du gouvernement de la Défense nationale peut me donner la preuve que des officiers allemands ont manqué, de leur côté, à un engagement d'honneur pris par eux envers des chefs de l'armée française, qu'il me fasse sommer alors de répondre à son appel, je me considérerai comme dégagé de ma parole, et je ferai sans hésitation ce qu'il me demande par votre intermédiaire.

L'affaire en resta là.

Après avoir commandé le 3ᵉ corps à Rouen, le général Lebrun n'a plus exercé aucune fonction.

Il a soixante-dix-huit ans. Il est petit, sec, nerveux. Il y avait au Salon de 1885 un portrait de lui, fort ressemblant, peint par M. Tony-Robert Fleury.

Très actif et travailleur infatigable, il consacre les loisirs de la retraite à écrire l'histoire de la campagne d'Italie. Son cabinet de travail est encombré de cartes, de documents de tous genres.

Il n'interrompt ses travaux que pour aller chaque année passer un mois à Aix-les-Bains. Encore ne jurerions-nous pas qu'il s'y repose.

M. BÉRILLON

En ce temps-là, les tripots clandestins, les claque-dents de toute espèce étaient poursuivis jusqu'à l'obsession par une formule fatidique qui avait le don de les terrifier.

Il ne se passait pas de semaine, en effet, où, dans quelque réunion de joueurs, grecs et gogos, pigeons et plumeurs, tout à coup, on ne savait par quelle magie, une porte s'ouvrait brusquement, et une voix prononçait avec énergie la formule sacramentelle :

— Au nom de la loi! que personne ne bouge!

C'était invariablement, infailliblement M. Bérillon.

Il était commissaire de police, chargé du service des jeux, mission difficile, périlleuse même et qui ne laissait aucun repos. Il y apportait une activité, une adresse et un courage que l'entêtement des teneurs de cagnotte pouvait, seul, égaler. Si tous les grecs qu'il a pincés avaient été réellement des indigènes de l'Hellade, nul doute que, dans les derniers événements, la Grèce n'eût pu, comme elle l'a fait, mettre cent mille hommes sur pied, et la question d'Orient eût été fort simplifiée.

L'empereur l'avait en grande estime. Napoléon III était un des hommes les plus volés de son empire, et souvent, très souvent, il appelait près de lui M. Bérillon pour le consulter tout au moins sur ceux de ces vols dont la découverte n'eût pas soulevé trop de scandale.

Que de jeunes gens ce magistrat bienveillant et foncièrement bon a arrachés aux doigts crochus des escrocs du jeu! Que de services rendus à des membres de grandes familles et à de pauvres diables devenus aujourd'hui des personnages! Que de choses et de gens il a vus! A quels drames il a assisté!

Un jour, il arrive avec quelques hommes dans un bouge où il trouve plusieurs femmes et un monsieur qui lui dit :

— Je suis le prince X...!

M. Bérillon le connaissait parfaitement. Mais, voulant le sauver d'un scandale effroyable, il eut l'air de le prendre pour un imposteur.

— Si vous étiez le prince X..., lui dit-il, vous ne vous en vanteriez pas.

— Mais, j'affirme...

— Suivez cet agent! interrompit M. Bérillon d'un air qui n'admettait pas de réplique.

Quand l'agent eut mené le prince à une voiture, il lui dit :

— Voici la voiture de M. Bérillon qu'il met à votre disposition pour vous conduire chez vous, ne voulant pas vous arrêter en si mauvaise compagnie. Renvoyez la voiture et que l'on ne vous revoie plus!...

Il y a mille histoires intéressantes sur son compte et qui, toutes, montrent un caractère digne, conciliant et généreux. Il jouit partout, du reste, d'une profonde estime.

Ne pas oublier qu'il a droit encore à la reconnaissance publique par la façon dont il organisa pendant le siège l'ambulance du Châtelet. C'était un modèle d'ambulance. Là, point d'ostentation ni de cabotinisme; quelques dames qui firent preuve d'un infatigable dévouement, et des sœurs de

Charité, luttèrent de sollicitude dans leur missionde charité. Dieu sait combien leurs soins précieux y sauvèrent de malheureux.

Comme tant d'autres, l'organisateur eût pu solliciter une récompense. M. Bérillon n'en fit rien, estimant tout naturel d'accomplir son devoir.

Depuis quelques années, M. Bérillon a donné sa démission de commissaire de police.

Nous croyons savoir qu'il emploie ses loisirs à préparer un livre.

Si ce sont ses mémoires, il a entre les mains plus d'éléments qu'il n'en faut pour y mettre l'intérêt du roman le plus mouvementé.

DAIGLEMONT

Cet astre éteint est encore visible, cependant, l'après-midi, sur le boulevard, entre la rue Vivienne et la rue Richelieu et *vice versâ*, s'aventurant parfois jusqu'à la porte Montmartre, au retour de la Bourse, où il est assidu. Il fait cent pas sur ce court espace, et jamais ailleurs, parce que là seulement il est certain de rencontrer toujours quelque vieux cabotin de province, de son temps, une « vieille barbe » avec qui causer des glorieuses d'antan.

Il a eu la vocation, celui-là, la vocation... malheureuse, mais héroïque, obstinée... aveugle plutôt, car jamais il n'a consenti à s'avouer que la douce gaieté que ne manquait pas d'exciter son jeu pût être attribuée à l'absence de son génie.

Peut-être a-t-il dû ses insuccès à sa « manière de voir », comme dit un personnage d'un vaudeville de Duvert! Non qu'il soit un anarchiste, un démolisseur; non, mais il louche effroyablement. Il a, de plus, un zézayement prononcé, et ce vague point de ressemblance avec le bon comédien Lafont le décida à aborder le répertoire de cet éminent artiste.

Il prit, pour satisfaire sa passion, bien plus que dans un but de lucre, des directions de province; il était naturellement son premier rôle.

Ce double emploi lui donnait quelquefois des distractions singulières.

Un dimanche, à Montauban, il était en scène, déclarant sa

flamme à la grande coquette. Tout à coup, levant les yeux vers la galerie, il aperçoit un couple bourgeois donnant des signes d'irritation et se disposant à quitter la salle, où il ne trouvait plus de place.

Daiglemont-directeur, de sa voix la plus aimable, s'adresse alors à une dame au balcon :

— Pardon, madame, auriez-vous l'extrême obligeance d'appuyer un peu pour faire de la place à ces deux personnes?... Là, parfaitement!... Merci mille fois, madame, de votre amabilité !

Et Daiglemont-acteur reprend son rôle, et, tombant à genoux, s'écrie avec un grand élan de passion :

— Ah ! madame la marquise, je vous aime de toute la puissance de mon cœur !...

Il était heureux alors; il pouvait presque croire que « c'était arrivé ».

L'ambition le perdit. Il vint à Paris et y vida la coupe d'amertume. Car ce fut là que son génie fut conspué.

Il fut directeur du théâtre Beaumarchais, eut pendant quelque temps une part de commandite dans la direction de l'Odéon, puis prit le théâtre Déjazet où il voulut montrer aux artistes de la Comédie française de quel bois il se chauffait et comment il fallait interpréter *Tartuffe*.

Mais allez donc faire quelque chose de sérieux avec ce public blagueur des petits théâtres.

Quand Tartuffe entra, disant :

> Laurent, serrez ma haire avec ma discipline
> Et priez que toujours le ciel vous illumine !
> Si l'on vient pour me voir...............

— On sera rien volé ! interrompit une voix d'en haut,

achevant le vers par un hémistiche étranger à Molière.

Cela jeta un froid.

Mais un froid si intense que le théâtre Déjazet devint un désert... de glace.

Daiglemont, blessé au cœur, voua un amer dédain à son ingrate patrie et renonça à faire de la direction à Paris.

Et c'est ainsi que ce pauvre *Delobelle*, ce méconnu qui est un fort honnête homme, se console des déceptions qui ont empoisonné sa vie.

L'hiver, on l'aperçoit à Monaco, souvent accompagné de Mlle Duverger, une autre disparue. Il lui enseigne sans doute une martingale, et tous deux causent de leur gloire passée.

ADOLPHE CHOLER

Monocle vissé dans l'œil, le dernier des chapeaux de côté, fumeur enragé, aimable homme sous une apparence d'égoïsme ou d'indifférence, fournisseur du Palais-Royal, des Variétés, des Folies-Dramatiques. Collaborateur de Labiche dans les *Marquises de la fourchette*, de M. Léo Delibes dans *Six demoiselles à marier*, de M. Henri Rochefort dans la *Vieillesse de Brididi*, et de Delacour, de Clairville, de Cogniard, de Dennery et de Dumanoir dans d'autres pièces, Adolphe Choler devint plus tard l'associé de MM. Plunkett et Dormeuil au Palais-Royal.

C'était une direction à trois. M. Plunkett ne s'occupait que de l'administration du théâtre; M. Dormeuil, de la mise en scène.

L'arrivée de Choler permit à ce dernier d'aller se reposer une grande partie de l'hiver à Monaco et à Arromanches pendant presque tout l'été. Choler le remplaçait à l'avant-scène. Mais un jour, Dormeuil revint inopinément à son théâtre et reprit le fauteuil.

On répétait une pièce depuis quatre mois.

Depuis QUATRE mois! A midi pour le quart, le bon Choler, consciencieux comme toujours, combinait des stratégies savantes pour les entrées du côté cour ou du côté jardin.

Soins inutiles, peine perdue; le premier acte du revenant fut de détruire tout ce qu'avait fait son remplaçant.

Douloureusement atteint dans sa fierté légitime, Choler se vengea. Il prit le train et fila remplacer Dormeuil... à la roulette, à Monaco.

Puis, il vendit la moitié de sa part (50,000 fr.) à M. Delcroix et l'autre moitié alla à Plunkett, qui la céda à M. Briet en même temps que la sienne.

Depuis, Adolphe Choler partage sa vie entre Brébant, dont il est un des habitués fidèles, et le boulevard où il n'est pas rare de l'apercevoir devant une des colonnes-affiches de Morris, cherchant à découvrir si l'on n'aurait pas repris un de ses gais vaudevilles, — même à son ancien théâtre.

MADEMOISELLE ANAÏS FARGUEIL

Disparue? Hélas! Oubliée? N'est-ce pas hier encore que la reprise de *Patrie!* le plus beau drame de ces trente dernières années, nous rappelait la grande artiste et nous faisait mesurer le vide énorme que sa retraite avait creusé? Elle est de la race de ces puissants interprètes dont le nom revient toujours aux lèvres lorsqu'on parle de belles créations dramatiques. Oublie-t-on Mars, Rachel, Frédérick Lemaître, Dorval?

Pourrait-on oublier la Léonora de *Dalila,* Marco des *Filles de marbre,* la Thérèse des *Lionnes pauvres?* Et *le Mariage d'Olympe,* et *Nos intimes* et *les Pattes de Mouches?*

Et cette *Miss Multon,* où elle arracha des larmes à toute une salle de *première,* c'est-à-dire une réunion de tout ce que Paris compte de blasés, de sceptiques, de réfractaires à l'émotion, de blagueurs auxquels « on ne la fait plus à la sensibilité ».

Et cette *Rose Michel,* où elle fut si prodigieusement dramatique et tant acclamée.

Et — couronnement de cette belle carrière, cette merveilleuse Dolorès de *Patrie!* ce rôle formidable où elle n'a jamais été remplacée.

On se rappelle, — il y a trois ans à peine de cela, — quels adieux lui furent faits à sa représentation de retraite, au Vaudeville. Le *Figaro* avait pris l'initiative de cette solennité qui produisit plus de 30,000 francs.

Aujourd'hui Mlle Fargueil est retirée au boulevard Maillot, sur la lisière du Bois de Boulogne. De son balcon, la vue s'étend sur toute la partie sud de Paris, depuis Saint-Cloud jusqu'aux hauteurs de Châtillon.

Elle s'adonne au professorat. Elle donne maintenant ses leçons à la salle Beethoven. Ses élèves sont vraiment privilégiées ; car on ne saurait s'imaginer l'ardeur qu'elle apporte à ses leçons et combien elle se dépense pour faire des artistes.

Elle se plaît, du reste, à avouer que, ce qu'elle fait, elle le doit à ses souvenirs.

— J'ai été élevée à l'école des meilleurs artistes, dit-elle ; j'ai vu à l'Opéra Nourrit, Duprez et Levasseur ; à l'Opéra-Comique, Ponchard et Chollet ; j'ai vu débuter Rachel, et je ne manquais pas une représentation de Frédérick Lemaitre et de Mme Dorval. Je puis donc enseigner *ex professo*, ayant pu étudier moi-même, chez les uns et les autres, leurs qualités et leurs procédés et m'inspirer de leur génie.

On sait que Mlle Fargueil eut un premier prix de chant au Conservatoire, ce qui lui valut un engagement à l'Opéra-Comique, où elle chanta entre autres rôles *le Diable à quatre* et *le Cheval de bronze*. Une maladie de larynx l'obligea au bout de trois ans à quitter la scène de la place Boïeldieu et à renoncer au chant.

C'est elle qu'Alexandre Dumas fils avait choisie pour sa *Marguerite Gautier* quand il fit jouer *la Dame aux Camélias*. Comme elle allait commencer à répéter ce beau rôle pour lequel elle se passionnait, elle eut la douleur de perdre sa mère. Ce fut pour ce motif que le rôle échut à Mme Doche qui, du reste, y remporta un succès éclatant.

Nous avons lu sur le bel exemplaire de *Patrie !* qu'adressa l'auteur à sa magnifique interprète la dédicace suivante :

« Ma chère Fargueil,

« Je vous dois comme auteur et comme spectateur la PLUS
« BELLE soirée artistique de ma vie. Je n'ai rien vu et ne
« verrai jamais rien d'aussi beau, à moins que vous ne vous
« surpassiez vous-même. Conservez ces quelques lignes bien
« froides auprès de mon enthousiasme, comme un faible té-
« moignage de mon admiration pour vous, qui n'a d'égale
« que mon amitié.

« VICTORIEN SARDOU. »

Quel plus bel hommage qui puisse honorer une carrière si glorieusement remplie !

La dernière fois que Mlle Fargueil se montra au public, ce fut à l'Odéon. Depuis, elle se contente de voir jouer les autres et d'applaudir ses camarades, même lorsqu'elle n'est pas très convaincue, ce qui pourrait bien arriver quelquefois sans qu'on l'accusât de parti pris de dénigrement.

LE GÉNÉRAL MELLINET

Qui ne se souvient à Paris, où il jouissait d'une grande et très sympathique popularité, de ce beau type de soldat, avec sa figure profondément labourée par la mitraille, qui, après avoir commandé la division d'infanterie de la Garde impériale, et l'avoir conduite aux plus rudes combats de Crimée et d'Italie, fut nommé commandant supérieur des gardes nationales de la Seine, et pendant plus de six ans en fut le chef!

Il est un des doyens de l'armée ; il est né en 1798.

— J'ai encore six anciens dans le cadre de l'état-major général, nous disait-il : les généraux : Marion de Gaja, né en 1787 ; de Mauduit, né en 1790 ; Richard et Lemyre nés en 1795 ; Mengin Lecreulx, de 1796, et enfin le comte d'Anthouard. Moi, je n'ai que 89 ans. Avec des protections, je finirai peut-être par passer doyen!...

Il fait partie de l'armée depuis 1813 et a été retraité en 1878. Soixante-cinq ans de services! Campagnes de 1814 et 1815 en France, trois en Espagne, douze en Afrique, 1855 en Orient, 1859 en Italie, 1870-71 à Paris.

Il a reçu sa première blessure à la bataille de Paris, le 30 mai 1814, la seconde au blocus de Metz en 1815, une autre au siège de Saint-Sébastien en 1823, où une balle lui traversa la cuisse gauche : enfin, à l'assaut de Malakoff, le 8 septembre 1855, il était atteint de cet éclat d'obus qui creusa, à travers la joue droite, ce profond ravin qui le faisait surnommer à Paris : Le Balafré.

— Vous voyez que j'ai bien choisi mon jour, nous disait-il à propos de cette glorieuse balafre; le lendemain il eût été trop tard; il n'en restait plus !...

Ce dernier obus ne se contenta pas de balafrer le général Mellinet; après l'avoir touché, il alla blesser grièvement l'aide de camp du général de La Motte-Rouge et enfin tua un pauvre jeune voltigeur de la garde.

Le général Mellinet est grand'croix de la Légion d'honneur; cette dignité lui a été conférée après Magenta, en récompense du glorieux combat de Ponte-Nuovo, où il commandait les grenadiers de la Garde.

Bellangé a fait de ce brillant épisode de la campagne d'Italie une aquarelle célèbre que l'on voit dans le salon du général.

Il est médaillé de Sainte-Hélène. C'est un des tout derniers survivants de cette vieille phalange de braves.

Quant aux ordres étrangers, il a tous ceux d'Europe, des grades les plus élevés : Charles III d'Espagne, le Bain, Saint-Grégoire-le-Grand, l'Ordre militaire de Savoie, le Medjidié, la Couronne de fer d'Autriche, Saint-Alexandre-Newski de Russie, la Couronne de Chêne des Pays-Bas; ceux de Bade, de Bavière, et de plus, le Lion et le Soleil de Perse.

Ce soldat est encore un lettré, un bibliophile et un artiste qui se délassait de la guerre avec des livres, des partitions et des instruments de musique. On sait qu'il est excellent musicien et qu'il s'est occupé avec passion des études musicales et de l'organisation des musiques régimentaires. Il était président du concours des chefs, sous-chefs et élèves militaires du Conservatoire, vice-président de l'enseignement musical des écoles de Paris, membre du conseil supérieur de l'enseignement spécial.

Il est aussi vice-président de la Société des bibliophiles bretons, membre du Comité de surveillance de la bibliothèque de Nantes et officier de l'instruction publique.

Voilà seize ans que le brave général habite sur la place Launay, à Nantes, son pays natal, un petit hôtel qu'il y a acheté. Il vit en philosophe et en sage, complètement étranger à la politique, et dans une solitude à peu près complète depuis la mort de Mme Mellinet, esprit supérieur, femme de haute distinction et de bonté parfaite, dont le départ lui a fait une blessure bien autrement douloureuse et incurable que celles que la guerre ne lui a pas épargnées. Depuis ce jour néfaste, il ne s'est montré à peu près officiellement que dans deux circonstances : lors de l'inauguration du tombeau de Lamoricière à la cathédrale Saint-Pierre, et lors du service du Prince impérial à l'église Saint-Nicolas.

Il ne va plus ni à son cercle ni dans le monde. Il passe toutes ses journées dans la bibliothèque que sa femme lui a fait construire au milieu d'un jardin, et qui contient plus de douze mille volumes. Outre cette bibliothèque déjà importante qui renferme des collections uniques, fort complètes en ce qui touche les choses militaires, le général avait fait au ministère de la guerre un cadeau du plus haut prix; il lui a fait don, en effet, de dix mille volumes.

En entrant dans son hôtel, on voit de petits obusiers et des canons minuscules qui proviennent de la vente du grand peintre militaire Raffet. Dans le petit salon du rez-de-chaussée, sur un meuble, la photographie de Gounod; puis un chiffonnier surchargé de partitions; le buste du maréchal de Mac-Mahon; un tableau de Bellangé, un souvenir : deux tambours lui offrant une aubade, avec cette légende en poésie de tambour :

> O toi, fils de Bellone, accepte en ce beau jour
> Nos cœurs qui battent plus que ne *fait* nos tambours?

Théodore de Banville et Leconte de Lisle y trouveraient peut-être à redire, mais le cœur y était.

Sur le piano, un coq gaulois avec cette devise : « Je chante clair. »

Et, à côté, une harpe.

Depuis 1870, il a renoncé à la Franc-Maçonnerie dont il était le grand-maître. On lui avait opposé le républicain Carnot, qui ne recueillit que quelques voix.

Un détail qui prouve la considération et l'estime dont il jouissait dans l'armée : *tous* les généraux qui ont commandé le corps d'armée dont le siège est à Nantes sont venus lui présenter leurs devoirs.

Le 4 septembre 1870, il avait la garde des Tuileries.

L'éminent auteur de *Patrie!* a raconté comment lui, Sardou, avait *pris* les Tuileries ce jour-là.

Le général Mellinet était en proie à une vive colère.

— Que voulez-vous de moi, messieurs? s'écria-t-il en s'adressant à Sardou et à Armand Gouzien qui l'accompagnait. J'ai fait un serment, et je le tiendrai, *moi!*

Sa colère avait sa raison d'être et ce MOI était significatif. Le brave général, en effet, était sous le coup de cette nouvelle que le général Trochu, attendu aux Tuileries, était en ce moment à l'Hôtel de Ville.

— Général, lui dit Gouzien, il n'est pas question de trahir votre serment. Loin de là! votre devoir est de protéger les Tuileries.

— Oui, monsieur, et je le ferai !

La foule s'était approchée et entourait les acteurs de cette scène. Un seul homme, un voyou à figure sinistre, fit mine de porter la main sur le général.

Le drôle fut empoigné par les spectateurs indignés, et peu s'en fallut qu'il ne fût écharpé.

Ce fait prouve la popularité dont jouissait le général Mellinet parmi la population parisienne, popularité qu'il méritait à tous égards.

BLONDIN

C'est ce hardi acrobate qui, un jour, jeta un fil, de la rive américaine à celle des États-Unis, au-dessus des chutes du Niagara, et sur ce pont aérien, à peine perceptible, où l'oiseau eût hésité à se reposer, se promena, s'assit, fit sa cuisine et traversa l'énorme distance et l'effroyable gouffre, portant un homme sur ses épaules, avec l'assurance et la placidité d'un bon bourgeois parcourant l'allée des Poteaux. Alors les trompettes de la Renommée jetèrent le nom du victorieux à tous les vents et répandirent sa gloire dans l'univers entier. Hurrah! Blondin *for ever!* Les dollars, par piles innombrables, s'accumulèrent autour de lui, pour récompenser son entreprise surhumaine.

Mais, redescendu de ces hauteurs sereines, il se hasarda en d'autres entreprises où il n'avait pas le pied sûr. A vouloir marcher sur la corde raide de la spéculation, il chancela et laissa s'échapper sa moisson de dollars; et comme il n'y avait pas de filet tendu sous la corde, tout s'engloutit dans l'abîme plus insondable encore que les redoutables *falls* du Niagara.

Le pauvre diable ne perdit pas courage; il voulut retourner au théâtre de ses succès et refaire sa périlleuse traversée pour se reconstituer une fortune. Mais il ne lui fut pas permis de l'entreprendre dans les mêmes conditions. On ne voulut lui octroyer l'autorisation de recommencer sa tentative qu'à condition qu'un filet solide serait tendu sous la corde.

Blondin, en grand artiste, refusa cette *panne*, tout au plus digne d'un équilibriste de bas étage, et renonça à son projet.

En 1866, il vint à Paris et fit sur sa corde des exercices étourdissants au plateau de Gravelle; puis au château d'Asnières — qui était alors une sorte de Mabille champêtre.

Mais ce n'était plus cela. L'attrait suprême, « la chair de poule, » manquait. Le fil était bien tendu à une centaine de mètres de hauteur, au-dessus d'un bassin à rocailles où s'ébattaient des poissons rouges; mais, même pour les plus *gobeurs*, cela ne donnait pas l'impression du Niagara.

Aujourd'hui, revenu de toutes les hauteurs, Blondin vit à Londres, terre à terre, en petit bourgeois, lui qui pouvait autrefois causer avec les étoiles. Il a soixante-quatre ans.

En évoquant la mémoire de ce disparu, nous serions injuste si nous n'envoyions pas un souvenir à un pauvre diable bien plus oublié que lui encore, et qui n'eut jamais la part de renommée qu'il méritait.

Il s'agit de l'homme, de l'inconnu qui se laissait porter sur le dos de Blondin pendant ses voyages entre terre et ciel. Tudieu! Que les braves s'interrogent et soient sincères! En trouverait-on beaucoup parmi eux capables de cette téméraire confiance?

Eh bien! son nom même est resté un mystère. Ce héros anonyme a partagé le danger, et jamais un rayon de gloire de Blondin ne s'est posé sur son front. *Sic vos non vobis.* Nous réhabilitons ce méconnu.

CHARLES QUENTIN

Cet ancien proscrit du 2 Décembre, cet ancien avocat de Cambrai où il est né, et où la tradition prétend que l'on reçoit « le coup de marteau », profita de l'amnistie de 1859. Il se remit à collaborer aux journaux radicaux de l'époque, surtout au *Réveil* de Delescluze, dont il est demeuré jusqu'à la fin le fidèle ami.

Il fut arrêté avec Cournet en 1869 et fit sept mois de prévention.

Pendant la Commune, il s'employa, mais en vain, à réconcilier Versailles avec Paris.

Dénoncé calomnieusement lors de l'entrée des troupes, il faillit être fusillé trois fois : à la caserne de la Nouvelle-France, au parc Monceau et à la Muette, où la colonne qui l'emmenait rencontra le général de Galliffet.

Après quatre mois, il fut relâché. Il collabora au *Peuple français*, comme secrétaire de la rédaction, puis, fit pendant longtemps le courrier de la Chambre à la *Petite République française*.

Entre temps, conférencier au théâtre des Gobelins où il charmait son public avec *l'Histoire du livre* — une petite merveille historique.

A la salle Lévis, il eut le don d'enthousiasmer les femmes en leur prouvant, avec une bonne humeur communicative, l'utilité de la *Ménagère* (Société coopérative), où un ménage pouvait avoir directement, de premier choix et avec un rabais de vingt-cinq pour cent, toutes les provisions nécessaires.

Comme tous les membres fondateurs, il avait chaque mois un jour de service où il servait les acheteurs qui s'en souviennent encore dans le dix-septième arrondissement.

Gambetta, qui avait deviné ses bonnes qualités d'administrateur, le fit nommer par M. Hérold, alors préfet de la Seine, directeur de l'Assistance publique.

Les journaux intransigeants jetèrent feu et flamme contre sa nomination; mais, sans s'émouvoir le moins de monde, il arriva petit à petit à conquérir la majorité du Conseil municipal qui lui accorda sans marchander les sommes nécessaires au développement et à l'amélioration de l'œuvre des Enfants abandonnés.

Il se dévoua tout entier à cette institution qu'il fit sienne, et, en moins de trois ans, le nombre des enfants arrachés à la misère, aux dangers du vagabondage, et mis par ses soins en apprentissage, de quelques centaines qu'il était, s'éleva à plus de deux mille. Par ses fréquentes visites dans les différents ateliers, il sut exciter l'émulation des apprentis, les encourager, les récompenser, leur faire aimer le devoir par de courtes et chaudes allocutions leur allant droit au cœur.

Abandonner *ses abandonnés*, dont il avait fait sa nombreuse famille, ce fut là, lorsqu'il dut donner sa démission par suite de différends avec le préfet Poubelle, le seul et réel chagrin qu'il emporta de sa retraite.

Il est aujourd'hui percepteur de 2ᵉ classe dans le quartier du Mail — agréable sinécure qui lui rapporte bon an mal an trente mille francs et lui laisse tout loisir pour aller jouer aux échecs avec MM. Peyrat, Le Royer et autres vieilles barbes du

Cercle National de l'avenue de l'Opéra, histoire de se retremper en compagnie d'anciens coreligionnaires.

Signe particulier: va tous les ans faire ses vingt et un jours à Contrexéville, comme un bon bureaucrate qui a abusé du rond de cuir.

VILLARET

Son adresse ?

Au barrage de Suresnes, où, par pluie ou vent, soleil ou grêle, vous le rencontrerez, la gaule en main, employant des ruses machiavéliques pour exciter la fatale voracité des poissons.

Non qu'il n'ait pas de foyer. Il a au contraire une très confortable installation. Mais l'objectif de sa vie étant désormais de bien *ferrer* la perche ou le gardon, c'est à la rivière qu'il passe ses jours, muet comme un chartreux, suivant avec des battements de cœur les moindres titillations du bouchon et s'emplissant les poumons des brises ammoniacales que souffle au fleuve le grand collecteur.

Que si quelque bourgeois bavard, installé près de lui, cherche à lier une conversation, tout aussitôt Mazaniello de lui chanter à mi-voix :

> Jette l'hameçon en silence,
> Pêcheur, parle bas ... !

Il n'a pas toujours exercé la profession de taquineur de goujons : point n'est besoin de le rappeler.

Pendant vingt ans, d'une voix puissante, robuste, infatigable, il a chanté tous les grands rôles de ténor du répertoire. A peine l'âge a-t-il eu quelque influence sur cet organe d'une résistance étonnante. L'hiver dernier encore, il est allé en Belgique récolter une belle moisson de bravos et de monnaie en reprenant au théâtre de ce nom les opéras qui ont fait sa réputation.

Ce fut sous la direction d'Alphonse Royer qu'il entra à l'Opéra, sur les vives instances de Nogent Saint-Laurens qui venait de l'entendre chanter Arnold à Avignon.

Ce fut aussi son rôle de début, et ceux qui assistaient à la représentation se rappellent la profonde impression qu'il y produisit. Depuis le grand Duprez, *Guillaume Tell* n'avait pas eu une aussi brillante interprétation. Il avait appris le rôle sous la direction de MM. Vauthrot et Marié auxquels il est juste de reporter une part de ce succès.

Depuis cette belle soirée, il a chanté *la Muette*, *Robert*, *les Huguenots*, *le Prophète*, *l'Africaine*; il a délivré l'Helvétie, fait des révolutions à Naples, livré son âme au diable, bravé les embuscades de la Saint-Barthélemy, fondé des religions, découvert la route des Indes; il a été aussi aimé, adoré par toutes les belles dames et les grandes princesses de la tragédie lyrique; il l'a été aussi du public.

Il n'en est pas plus fier pour ça.

Ce dont il est fier, — on le serait à moins, — c'est qu'il a été élu conseiller municipal... de Suresnes!

LE SERGENT HOFF

Le légendaire sergent Hoff, l'héroïque partisan de la guerre franco-allemande, est aujourd'hui l'un des trois gardiens de l'Arc-de-Triomphe.

M. Gambetta l'avait fait nommer d'abord gardien de la colonne Vendôme; mais, depuis que des malheureux pris de la frénésie du suicide semblaient choisir de préférence ce monument pour en finir avec la vie, on ne permet plus de monter dans la colonne, et l'emploi de Hoff a été supprimé.

Toutefois, que les nostalgiques du suicide se consolent de cette mesure vexatoire; il reste encore la colonne de Juillet, la terrasse de l'Arc-de-Triomphe, les tours Notre-Dame et même quelques sixièmes étages qui ne laissent rien à désirer.

A ses moments perdus, il s'occupe d'inventions se rapportant, naturellement, aux choses de la guerre. C'est ainsi que, l'an dernier, il a pris un brevet pour un fusil avec lequel!... mais soyons discret. Qu'il nous suffise de dire que; le secret de Hoff ayant transpiré, des offres sérieuses lui ont déjà été faites par des Allemands et des Anglais.

Les gardiens de l'Arc-de-Triomphe reçoivent 900 francs par an du ministre des Beaux-Arts et partagent entre eux les dons des visiteurs du monument.

Lorsque je suis allé voir le sergent Hoff, il m'a accompagné sur la plate-forme, me racontant de bien dramatiques histoires du siège que, malheureusement, l'espace restreint dont je dispose ne me permet pas de vous redire.

Hoff et moi sommes d'anciennes connaissances : nous nous étions rencontrés déjà certains jours où il faisait chaud, malgré le terrible hiver de cette année sinistre.

Comme j'admirais le panorama, il s'arrêta tout à coup, et me montrant un point à l'horizon, il me passa la lorgnette et me dit :

— Tenez, là-bas, Champigny !...

Et l'œil brillant, ému, la narine ouverte, le brave soldat semblait aspirer dans l'air les odeurs de la poudre des anciens combats.

CHOLLET

Dans la jolie petite ville de Nemours, si le lecteur veut bien nous accompagner sur la promenade qui borde cette merveilleuse rivière du Loing, il ne manquera pas de rencontrer un beau vieillard d'allure très juvénile encore, correct, coquet même, finement chaussé et toujours ganté.

Ce promeneur est M. Chollet, l'excellent Chapelou du *Postillon de Lonjumeau*, qui fit, pendant de longues années, les délices de la salle Favart.

Zampa, *Fra-Diavolo*, *l'Éclair*, *le Châlet*, *le Brasseur de Preston* et par-dessus tout *le Postillon*, tout ce répertoire rappelle aux dilettanti de cette époque le délicieux ténor qui était bien plutôt peut-être un baryton ténorisant.

En décembre 1805, il avait *sept ans et sept mois* quand il fut admis, après un concours sévère et minutieux (!) à faire partie d'un trio chanté sur la scène de l'Opéra, dans un intermède costumé et composé en l'honneur de la victoire d'Austerlitz.

Cinq ans plus tard, engagé au théâtre de l'Impératrice, (Odéon) où une troupe italienne donnait des représentations, il parut dans *Azzur re d'Ormus* et y obtint un succès tel que le chanteur Phœnix Garat le fit entrer dans sa classe du Conservatoire.

Il en sortit à l'âge de seize ans avec le premier prix de solfège.

Choriste à l'Opéra, le jeune Chollet gagnait 60 francs par mois. En même temps, il était trombone de la garde nationale et chantre à Saint-Germain-l'Auxerrois.

Puis, il alla aux Italiens, au Théâtre-Feydeau, courut le province sous le nom de Dôme-Chollet, dirigea le théâtre de la Haye et chanta à Bruxelles où son succès fut si grand que l'Opéra-Comique lui proposa un engagement avec le titre de sociétaire.

Ce fut à ce moment qu'il inaugura sa voix de ténor.

Chollet a marié sa fille à M. Mautaubry, l'artiste à succès de l'Opéra-Comique pendant la période de l'Empire.

Il est pensionné du roi de Hollande.

Comme nous l'avons dit, il habite Nemours, où il s'est retiré depuis six ans.

Il n'a pas été seulement un chanteur applaudi, mais encore un compositeur de talent.

On a de lui de belles pages de musique religieuse.

Il y a quelques années, on lui a fait une touchante surprise. Les artistes, entre eux, ont de ces élans de cœur, de ces délicatesses d'amitié.

A nous ne savons plus quelle fête, on a emmené Chollet à la messe de la jolie petite église de Saint-Pierre-lès-Nemours.

Là, au moment où il était certes loin de s'y attendre, l'aimable M. Hermann-Léon, bon chanteur autant que bon peintre, — comme chanteur il a de qui tenir, — a dit de sa belle voix un *Pie Jesu* de Chollet, qui a causé une impression d'autant plus vive, que le vieux musicien, tremblant d'émotion, ne pouvait contenir ses larmes.

TAMBERLICK

Ce grand artiste, ce merveilleux chanteur a eu le don précieux — si rare dans le monde des théâtres, — de prendre congé à temps. Après avoir soulevé des tempêtes d'enthousiasme, il a eu l'habileté de se retirer, en plein succès, avant qu'une ombre ait pu diminuer l'éclat de sa renommée, avant surtout qu'un conseil lui vînt de prendre du repos.

Tamberlick a donc remisé son ut dièze ; il le sort cependant encore pour des œuvres de charité, car on le trouve toujours des premiers là où il y a une misère à soulager.

C'est ainsi qu'à Trouville, où il passe les étés, on a le charme de l'entendre dans quelques concerts de bienfaisance.

Il est connu de tout le monde sur la plage, aimé et estimé de tous, parce que chacun sait que le grand artiste est le plus aimable, le meilleur, le plus généreux et le plus simple des hommes.

Il habite presque toujours Paris et vit heureux en famille, entre ses petits enfants, son fils, sa fille et son gendre, M. le docteur Galezowski, un oculiste de haut savoir et de grande réputation qui est, de plus, un grand original, poussant la manie de ne rien faire comme les autres jusqu'à guérir infailliblement ses malades.

Esprit très cultivé, ayant fait de sérieuses études dans

l'un des plus importants séminaires de l'Italie, Tamberlick ne s'ennuie jamais. Il lit beaucoup, surtout les récits de voyages qui lui parlent des beaux pays qu'il a visités; il écrit plus encore, ayant semé des amitiés profondes dans toutes les parties du globe et tenant tout naturellement à les conserver.

Sa seule faiblesse consiste à faire, presque chaque soir, sa partie d'écarté avec quelques bons amis dont il ne peut se passer.

Très spirituel et très sympathique, Tamberlick est un philosophe dans la plus charmante acception du mot.

L'ABBÉ CROZES

Parmi les fidèles qui assistent le dimanche à la messe de dix heures à l'église Saint-Leu, située, comme on sait, rue Saint-Denis, bien peu savent que le vieux prêtre officiant est le vénérable abbé Crozes qui, pendant vingt ans, fut l'aumônier des jeunes détenus, et, pendant vingt-trois, celui de la Roquette.

Soixante-quatre condamnés à mort et deux cent soixante et un autres, dont la peine fut commuée, ont eu recours à son ministère.

On eut, aux derniers jours de la Commune, une preuve bien touchante de l'affection qu'avait su inspirer ce prêtre aux malheureux qu'il avait réconfortés.

Si le digne vieillard, presque octogénaire, peut, aujourd'hui encore, célébrer la messe à Saint-Leu, il le doit à un ancien détenu qui s'est dévoué pour lui et lui a sauvé la vie, alors qu'il était désigné pour partager le sort de l'archevêque et des autres otages.

L'histoire est si émouvante que nous ne résistons pas au plaisir de la redire.

L'abbé Crozes avait connu en 1866, à la Roquette, un ouvrier nommé Victor-Alexandre Revol, condamné à quatre ans de prison ; il s'était intéressé à lui, et, grâce à d'actives démarches, l'avait fait grâcier au bout de deux ans.

Rentré à Paris, Revol ne manqua pas de témoigner sa

reconnaissance à son libérateur, venant le voir toutes les fois que son travail lui en laissait le temps.

Pendant la guerre, il fit son devoir, de façon à se faire remarquer.

Vint la Commune. Le découragement, la folie qui suivit ce malheureux siège, le firent s'enrôler parmi les révoltés.

C'était un ancien sous-officier, décoré des médailles de Crimée et d'Italie. Raoul Rigault le nomma adjudant de place à la Préfecture de police.

Au commencement d'avril, le curé de Plaisance, M. Blondeau, arrêté et conduit au Dépôt, prévint l'abbé Crozes de son arrestation. Le prêtre s'empressa d'aller demander l'autorisation de visiter le prisonnier ; un hasard fit que l'officier chargé de donner les sauf-conduits était justement Revol. Le permis lui fut immédiatement délivré.

Il courut au Dépôt. Là, il n'en alla pas aussi aisément. Il fallait avoir le contre-seing de Raoul Rigault lui-même. Il se présenta à lui. Raoul Rigault examina le laisser-passer, fut poli, dit un mot à un jeune homme et pria l'abbé d'accompagner cet employé.

Mais ce n'était pas auprès du curé de Plaisance qu'il le conduisait.

C'était au Dépôt. L'abbé était prisonnier, lui aussi.

Pendant qu'il faisait antichambre, en attendant l'audience de Rigault, il avait vu passer M. Darboy et l'abbé Lagarde, escortés par des gardes nationaux. Première station du calvaire.

Quand Revol apprit cela, il se rendit chez Raoul Rigault, qu'il trouva en joyeuse compagnie, prenant son café avec Dacosta, Levrault, Cluseret, Protot et autres. Le capitaine était dans un état d'exaspération qui se traduisit par des invectives, à la suite desquelles il fut empoigné et coffré lui-même, non loin de la cellule de son protégé.

Un mois après, il en sortit, et sa seule préoccupation fut d'en faire sortir aussi l'abbé. Les événements se pressaient, le sort des otages se décidait, l'abbé Crozes n'était pas excepté. Il n'y avait pas une minute à perdre. A peine Revol avait-il mis le pied hors de la prison que, sautant en voiture, il se faisait conduire à la Préfecture de police, et là, avec une énergique obstination, réclamait la mise en liberté de son protecteur. On avait besoin de lui, il fallait conserver à tout prix des soldats comme Revol.

Après quelques jours de cruelle attente, l'abbé Crozes, n'espérant plus rien, s'habituait à l'idée du sacrifice de sa vie, quand, une nuit, la porte de sa cellule s'ouvrit avec fracas, et l'adjudant de place, sabre au côté, revolvers à la ceinture, se précipitait dans ses bras et l'arrachait à la prison et au peloton d'exécution.

Puis il retourna au combat. Les troupes étaient entrées dans Paris et les otages étaient massacrés.

Qu'était devenu Revol dans la tourmente? L'abbé le chercha anxieusement; il connut son sort le 2 juin seulement par une lettre de l'abbé Gillet de Kerveguen, aumônier de Vincennes, qui lui apprenait que le malheureux capitaine, condamné à mort et fusillé le 30 mai dans les fossés du château, en compagnie de huit autres prisonniers d'importance, l'avait chargé, avant de mourir, d'une lettre, son dernier adieu à sa mère, qu'il priait l'abbé Crozes de faire parvenir.

Et le pauvre prêtre ne put qu'aller prier sur le tertre où avait été inhumé, avec ses huit compagnons d'infortune, l'homme qui l'avait sauvé et n'avait pu échapper lui-même à la mort.

L'abbé Crozes entretient encore une correspondance suivie avec beaucoup de ses anciennes ouailles de la Roquette. Comme nous allions le voir pour entendre de sa bouche les dramatiques détails de sa délivrance, on lui remit une lettre, non affranchie, d'un détenu qui le prévenait qu'il allait bientôt sortir et lui demandait s'il ne pourrait lui donner des chaussures.

On l'implore de partout ; il y a même des requêtes qui atteignent le comble de l'étrange et du grotesque.

Un ancien gendarme ne s'est-il pas avisé de lui demander de faire des démarches pour le faire nommer aide du bourreau ?

Il avait quantité de souvenirs précieux de son long ministère. Malheureusement il a tout détruit pendant la Commune.

Deux ou trois fois déjà, des reporters trop hâtifs l'ont fait mourir et il a dû écrire à ses amis d'Albi, sa ville natale, pour rectifier cette nouvelle.

On n'a, du reste, pour s'assurer que le digne vieillard est bien vivant, qu'à aller, si l'on ne craint pas l'eau bénite, entendre la messe qu'il dit, tous les dimanches, à l'église Saint-Leu, à moins, qu'étant fonctionnaire, on ne craigne de se faire remarquer et de compromettre son avancement.

MADEMOISELLE DELVAL

Paris doit certainement se demander ce qu'est devenue cette belle personne aux lignes sculpturales, dont la perfection pouvait se permettre une absence de costumes, téméraire pour toute autre. Il ne s'en fallait, en effet, que de l'épaisseur d'un maillot de soie pour qu'elle fût l'image même de la Vérité.

Il s'agit, vous n'en doutez pas, de Mlle Delval, qui attira tout Paris à la Porte-Saint-Martin lorsqu'elle joua trois ou quatre cents fois de suite la Princesse Aïka de la *Biche au Bois* et la Pieuvre du *Diable Boiteux*, avec le talent que réclame cette littérature.

On se souvient de l'admiration suscitée par ce beau modèle qui tenait complaisamment la pose, et de la majesté sereine avec laquelle elle traitait les fantoches de ces féeries. — Sa sœur, l'excellente Silly, a vraisemblablement pris toute la gaieté de la famille. — Ses yeux fixés sur vous, comme les lentilles d'un puissant télescope, ne reflétaient aucun orage de l'âme; mais aussi de quel mouvement impérieux et hautain elle levait la baguette qui commandait aux éléments.

De ces déesses et de ces fées, il lui est resté beaucoup de choses dans la vie : ses diamants sont célèbres; elle a des robes faites de rayons de lune, des étoffes tissées de fils de la Vierge, les plus rares tissus des Indes, les velours brochés d'or des manteaux de Cléopâtre, des merveilles. On la voyait encore, il y a quelque temps au Bois avec des chevaux magnifiques et un cocher digne et de grand air, qui ressemblait à un diplomate. Quant à l'or, avant le krack, elle en eût prêté à Danaé pour une échéance.

Mme Delval a atteint l'époque du repos. Elle est mariée, calme, heureuse, vit tranquillement en femme d'intérieur et se contente de faire beaucoup de bien autour d'elle.

Elle n'a plus d'histoires.

MADAME GUEYMARD

Il y a plus de trente ans de cela — l'Opéra avait deux chanteurs, toujours en voix, toujours sur la brèche, que nulle fatigue n'arrêtait et dont les cordes vocales, faites d'un métal inaltérable, semblaient défier le temps, l'usure et la maladie.

Lui, le ténor, avait dans le gosier une trompette retentissante dont les éclats fêlaient les vitres d'une salle. Elle, le mezzo-soprano, la voix d'or, au timbre caressant et velouté, se faisait applaudir aussi bien dans la Reine des *Huguenots* que dans Valentine.

C'étaient M. et Mme Gueymard.

De ces deux oiseaux chanteurs, toujours regrettés du public de notre Académie de musique, l'un, le mari, est parti pour un monde meilleur où l'on ne se marie probablement pas, puisque les gens autorisés le nomment un séjour de félicité.

Nous serions bien étonné si c'était celui-là qui cherchât à y faire rétablir cette institution.

L'autre, la célèbre chanteuse, professant une parfaite indifférence pour les coutumes du Malabar, a refusé de l'y suivre, et habite aujourd'hui le magnifique hôtel de M. Desbrousses dans l'avenue Victor Hugo.

Elle n'avait pas, du reste, manifesté un grand enthousiasme pour le mariage, l'ayant expérimenté à deux reprises. Nous n'avons pas besoin de rappeler que Mme Gueymard, née Pauline Lauters, avait débuté à l'Opéra sous son nom de demoiselle quoiqu'elle eût déjà été mariée à un de M. Deligne.

Cette première épreuve matrimoniale ne lui avait pas paru satisfaisante. C'était à refaire. Elle divorça et épousa en 1858 son camarade, le fort ténor de la rue Le Peletier.

Cela alla bien pendant sept ans.

Mais, tout à coup, elle se prit à trouver qu'elle n'était pas faite pour la vie de ménage. Avec sa vive intelligence, un simple essai de sept années lui avait suffi pour s'en apercevoir. Elle quitta le domicile conjugal et se retira dans un appartement de la rue de Berri.

Le pauvre mari supplia sa femme de revenir au foyer; elle fut inflexible. Il fallut en venir au procès, et la séparation fut prononcée le 14 août 1868, au profit de Gueymard.

Pauline Lauters est née à Ixelles (Belgique) et a fait son éducation musicale au Conservatoire de Bruxelles.

A la fin de ses cours, elle fut engagée au Théâtre-Lyrique, pour créer *le Billet de Marguerite*.

L'Opéra la prit, et elle y débuta le 12 juin 1857, dans Léonore du *Trouvère*.

Mais son véritable début, celui qui la classa définitivement, fut dans la Reine des *Huguenots*. Ce fut un triomphe.

La presse fut unanime à célébrer son succès. Bien longtemps après, M. Jouvin écrivait encore que personne, depuis, n'avait pu la faire oublier.

Ce qui ne l'empêcha pas de prendre possession, et avec une autorité qui ne fit que grandir, de Valentine, de la Léonor, de dona Anna, de la Reine d'*Hamlet*, etc., etc.

C'est par les *Huguenots* aussi qu'elle termina sa carrière à l'Opéra, dans la soirée du 31 mars 1876, après avoir tenu pendant dix-neuf ans, avec un succès constant, une situation absolument prépondérante à l'Académie nationale de musique.

LE ZOUAVE JACOB

Pas si disparu que cela, le fameux zouave guérisseur, musicien, le magnétiseur emb... nuyé par la Faculté, qui se joue avec une égale aisance d'une maladie rebelle et d'une gamme chromatique sur le trombone.

Certes, son étoile a quelque peu pâli depuis les jours d'enthousiasme, où le monde le plus *pschutt*, et même de hauts dignitaires de l'Empire, venaient lui demander des consultations.

On n'a pas tous les jours un maréchal de France à se mettre sous le fluide. Mais il vit, il vit même très bien, le zouave Jacob; malgré certaines tracasseries du corps médical, il n'a pas cessé de se dévouer à l'humanité, et deux petits hôtels, dont il est propriétaire, témoignent que la clientèle ne chôme pas. Hâtons-nous de dire qu'il est maintenant en règle avec la Faculté, puisqu'il n'exerce pas la médecine. De plus, il fait des sortes de conférences, sans compter des brochures où la docte assemblée est traitée avec une absence complète d'égards. Entre autres: *Poisons et contrepoisons. Charlatanisme de la médecine, son ignorance et ses dangers, par le zouave Jacob.*

Ces titres nous dispensent d'une longue analyse.

Il est un peu rancunier, le zouave. Il se souviendra longtemps qu'il y a trois ans il lui fut intenté un procès qui le remplit d'amertume, et compromit ses relations avec sa clientèle. N'avait-il pas été condamné à la prison pour exercice illégal de la médecine!...

Il habite maintenant le quartier des Ternes.

La pièce où se tiennent les malades et où le zouave fait son cours ressemble à une salle d'asile. Elle est à peu près meublée de bancs. Cependant le mur est orné d'un buste qui me comble d'étonnement. Par quel phénomène d'illogisme cet adversaire farouche des médecins se met-il sous l'invocation d'Esculape? Mystère. J'aime mieux celui de son salon; celui-là, du moins, est sans signification au point de vue médical; c'est Voltaire; j'aurais préféré pourtant le buste d'Apollon, de Mozart ou de Sellenick, car ce salon me semble être le temple même de la musique. Ici un piano, là un orgue superbe, don de Gilson; sur une table, un trombone éclatant, grâce auquel il se repose du labeur quotidien en jouant, d'un souffle tonitruant, l'évocation de Bertram. Je ne saisis pas bien l'association de Voltaire et du trombone.

Le zouave affirme qu'il ne reçoit pas d'argent.

C'est d'un grand désintéressement. Nous supposons bien qu'il n'exagère pas la cruauté jusqu'à repousser les petits cadeaux; ce serait humilier la clientèle et l'éloigner.

Nous avons vu passer par là de belles bottes d'asperges, des primeurs, des fruits, beaucoup de plantes et de fleurs. C'est pour témoigner la reconnaissance et entretenir l'amitié

Il n'y a qu'un tout petit impôt que Jacob se permette de prélever sur les personnes qui le consultent. C'est sa photographie que tout malade doit avoir et qu'il vend, du reste, un prix très modique : un franc. Ce n'est vraiment pas payer cher un portrait qui, paraît-il, contient un peu de la puissance magnétique du modèle et doit certainement posséder une vertu curative.

La moyenne des malades consultants est, paraît-il, d'environ cinquante par jour.

FÉLIX PYAT

De 1849, époque où l'auteur apprécié et applaudi des *Deux serruriers*, de *Mathilde*, du *Chiffonnier de Paris* faussa compagnie à la littérature pour embrasser la carrière d'agitateur, jusqu'au 4 septembre 1870, Félix Pyat avait été frappé par toutes les juridictions, depuis la haute cour jusqu'à la police correctionnelle.

Il avait obtenu, grâce à de rares facultés de récidiviste, 212,000 francs d'amendes; la déportation; vingt-neuf ans et cinq mois de prison; cinq ans de surveillance et dix ans d'interdiction.

Pour couronner cette vie déjà si occupée, le 3e conseil de guerre le condamna à mort le 24 mars 1873.

Éternel revirement des époques révolutionnaires, M. Pyat est parfaitement libre et indemne et peut dire au 4e conseil de guerre :

> Les gens que vous tuez se portent assez bien.

Il a aujourd'hui soixante-seize ans. C'est un beau vieillard à barbe grise. Il a conservé cet œil d'une douceur attirante qui donnait tant de charme à sa physionomie et lui valut, jadis, de grands succès féminins.

Ce révolté, toujours aux prises avec les sbires de n'importe quel parti au pouvoir, a eu tellement d'occasions d'exercer son esprit à des inventions de fuites, de déguisements, d'embarquements pour les pays lointains, de débarquements, la nuit, dans les anses désertes, à l'emploi, enfin, de tout l'arsenal des combinaisons de mélodrame, que sa vie s'est passée dans un jeu de cache-cache perpétuel, qui est devenu sa préoccupation incessante et normale, encore bien que les amnisties lui aient remis toutes les dettes du passé.

Il s'est caché de mille manières, dans des sacs de charbon, dans le creux des saules, dans des boîtes à double fond ; il y a, sous ses pas, comme sur la scène, des trappes qui l'engloutissent à volonté dans les entrailles de la terre. Dans les circonstances les plus périlleuses de son existence, il a eu le talent de s'escamoter avec une adresse de prestidigitateur ; la muscade de Robert-Houdin a passé sous moins de gobelets que lui.

Il a trouvé, du reste, des coreligionnaires qui se sont dévoués à le cacher, à le faire fuir, à le sauver. Des femmes, surtout, se sont exposées avec joie pour arracher à la justice ce conspirateur ténébreux et beau, qui les enthousiasmait ; elles eussent, pour lui, marché rayonnantes au martyre.

Telles furent celles qui le cachèrent en 1871, après la reprise de Paris par les troupes : une pauvre jeune fille, demoiselle de magasin, qui le recueillit, errant dans les rues, et lui abandonna son logement dans une maison des faubourgs ouvriers ; puis, trois vieilles dames qui habitaient près de la porte Bineau et des fortifications, chez lesquelles il fut soigné, veillé du 11 juin 1871 au 23 mars 1872.

Pendant qu'il était chez la demoiselle de magasin, ne pouvant y entrer le jour, il sortait de grand matin et, pour passer le temps, allait, déguisé, méconnaissable, d'église en église, écouter pieusement le service divin, se glissant parmi les fidèles, appuyé contre des piliers, et, incliné, la tête dans la main, semblant absorbé par la prière.

Lui, le signataire de l'arrêt de mort de M?? Darboy !

Chez les dames de la porte Bineau, il jardinait, travaillait à des mémoires sur la Commune et se promenait à la nuit dans l'île de la Grande-Jatte ; en rentrant, sa grande distraction était de se faire des réussites.

Il ne demandait qu'un renseignement aux cartes : à savoir si M. Thiers serait fusillé ou pendu.

On nous a affirmé que les cartes ont toujours répondu : Pendu !

Nous avons dit que M. Pyat ne se laisse pas aborder. Il est, en effet, atteint du délire de la persécution. Comme Blanqui, il voit toujours la police à ses trousses ; il prendrait son ombre pour un mouchard.

Vous jugez si un reporter a quelque chance de *l'interwiewer* !

Aussi, un seul homme, dévoué et incorruptible, est-il en communication avec lui. C'est un brave ouvrier bijoutier, du faubourg du Temple, que l'on connaît, du reste, car il a été le mandataire de l'écrivain lorsqu'il a été question de reprendre ses pièces, et, plusieurs fois, l'a représenté au théâtre des Nations, où Ballande a joué pendant un mois les *Deux Serruriers*.

Habitué aux combinaisons mystérieuses des sociétés secrètes, et fécond en trouvailles et trucs, en bon auteur dramatique qu'il est, M. Félix Pyat a dû régler les formalités compliquées par lesquelles il faut passer pour qu'une communication lui arrive, apportée par son seul confident. Cela suit une filière interminable et emploie un grand nombre d'affidés, tous ignorants, comme vous et moi, de la retraite du maître. Il y a des signes cabalistiques, des devises nébuleuses, des mots de passe, des inscriptions sur les murs, des feux sur les montagnes, etc., etc.

Au fond, ce sont ficelles de théâtre et malices cousues de fil blanc qu'il ne faudrait pas un grand génie pour mettre à découvert. Nous ne croyons pas utile au bien de l'humanité de chercher à dévoiler le mystère dont s'entoure l'homme du *toast à la petite balle*, et nous ne ferons aucun effort dans ce but.

En bien peu de temps, cependant, un reporter actif et entêté aurait le mot de l'énigme. On sait que M. Félix Pyat a un goût prononcé pour les environs des gares et qu'il déjeune assez souvent dans les buffets ; qu'habitué à la vie anglaise, son déjeuner se compose invariablement de thé, d'œufs et d'une côtelette ; que s'il y a, comme cela arrive fréquemment, un chat qui se promène sous les tables et fasses des bassesses pour un morceau de jambon, M. Pyat l'aura bien vite accaparé et le fera ronronner sous ses caresses, parce qu'il adore les chats. S'il ajoutait à ces premiers renseignements, un peu vagues, il est vrai, quelques promenades dans Enghien, et s'il savait voir, comme c'est son métier, ce reporter ne pourrait-il bien promptement mettre à mal toutes les savantes combinaisons du dramaturge, débiner son truc et trouver son adresse ?

Mais ce n'est pas notre affaire, et d'ailleurs, comme nous le disions tout à l'heure, la société n'a aucun intérêt à connaître la retraite de M. Pyat, et ne peut que désirer qu'il n'en sorte pas.

Il est pensionné de la Société des auteurs dramatiques.

Lorsqu'il se sauva, le 23 mars 1872, muni d'un passeport que lui avait procuré le restaurateur Labourie — le pauvre homme s'est pendu peu de temps après, mais nous pensons bien que ce n'est pas à cause de cela, — Félix Pyat passa à Chantilly et croisa les équipages du duc d'Aumale. Il fut éclaboussé par les voitures. Ce fut un coup dur pour lui et comme la suprême ironie du sort.

Quelques jours après, en sûreté à Londres, il racontait son évasion de France, son passage à Chantilly, et ajoutait avec toute l'amertume de son excellente nature :

— Mes vêtements furent couverts de boue, lancée par les sabots des chevaux du PRÉTENDANT!..,

M. ALBERT GIGOT

Nous serions bien étonné si une souscription ouverte à Bercy dans le but d'élever une statue à M. Albert Gigot était en peu de temps couverte de signatures.

Il n'est guère en odeur de sainteté parmi les marchands de vins subalternes, depuis qu'ayant sagement jugé qu'il se fait temps, pour la santé publique, d'arrêter la fraude des chimistes sans vergogne qui

> Fabriquent savamment les bons crus de Bourgogne
> En mêlant le campêche aux grappes du sureau,

et a beaucoup d'autres produits plus nuisibles, il s'est avisé de porter des regards indiscrets dans ces chais de Locuste.

C'est à lui, en effet, que l'on doit l'organisation du fameux laboratoire municipal qui a fait tant de bruit dernièrement.

Malgré cette opposition intéressée, grâces soient rendues à M. Albert Gigot de son initiative bienfaisante, qui fait grand honneur à sa trop courte administration.

Tour à tour préfet dans le Loiret et dans Vaucluse, dans le Doubs et dans Meurthe-et-Moselle, il fut mis en disponibilité, sur sa demande, en 1877. Il avait succédé à M. Voisin comme préfet de police.

Sa carrière fut brillante et rapide dans le barreau de Paris. Inscrit en 1854, il devint bientôt avocat au Conseil d'État, puis en 1861, à la Cour de cassation.

M. Albert Gigot, quoique bien jeune encore, — il n'a pas cinquante ans, — a renoncé aux fonctions publiques. Après avoir fait partie de la Banque hypothécaire de France, il fut secrétaire général de la compagnie des Omnibus, qu'il a quittée en 1886.

Depuis qu'il a abandonné les fonctions publiques, M. Albert Gigot a publié deux volumes qui ont été très remarqués : une traduction des *Questions constitutionnelles* de M. Gladstone, avec une introduction sur l'organisation du pouvoir exécutif, (Germer Baillière 1880), et *la Démocratie autoritaire aux États-Unis* (Calmann Lévy 1881.)

N'étaient ces travaux où se complaît son esprit et qui appellent sur lui l'attention publique, il se laisserait volontiers oublier.

Mais les débitants et fabricants de clos-vougeot d'assommoir ne l'oublient pas, eux !

LE PÈRE GAILLARD

Le père Gaillard a eu une forte déception.

Il espérait, étant décrétée l'instruction laïque, que l'on fonderait une chaire de barricades à la Sorbonne, et il avait tous les titres pour en être nommé titulaire.

M. Jules Ferry ne le voulut pas.

En vain, Gaillard rappela-t-il cette formidable fortification qu'il érigea, pendant la semaine sanglante, à l'entrée de la rue de Rivoli, entre les Tuileries et le ministère de la marine, et que les troupes furent obligées de prendre à revers. C'était le chef-d'œuvre de l'art.

Malgré ce passé, et la nécessité évidente d'enseigner les moyens les plus savants de culbuter le pouvoir, le ministre de l'instruction publique refusa d'admettre ce professorat, et Gaillard, évincé, ne put que gémir et murmurer :

— Avec de pareils hommes, Vauban lui-même serait méconnu !

Pour se venger, dès que Mgr Mermillod perdit son traitement d'évêque de Genève, il alla le voir et le félicita. Désormais cette victime d'un gouvernement lui était chère.

Réfugié à Genève, il y fut successivement marchand de vins et cordonnier, — cordonnier *di primo cartello,* vendant des chaussures un prix jusqu'alors inconnu en Suisse.

C'était cependant un démagogue austère, ne plaisantant pas sur le luxe de ses coreligionnaires. Il fallait se cacher de lui pour manger un beefsteack n'ayant pas la solidité des semelles qu'il livrait au client.

Si, par hasard, le beefsteack épais et cuit à point trônait au milieu d'une garniture de pommes gonflées, dorées, rissolées et appétissantes, son indignation ne connaissait pas de bornes; il faisait des discours sur la sobriété spartiate, et se lamentait à la façon de Jérémie :

— Goinfres indignes, qui faites à votre ventre le sacrifice des éternels principes de fraternité et de solidarité, s'écriait-il, vos odieux festins de Lucullus vous font-ils oublier le grand nombre de vos frères qui ne mangent jamais de beefsteacks aux pommes soufflées?...

Au demeurant, un homme très courtois et peu farouche dans la vie courante; nous dirions même qu'il a des formes, si nous ne craignions d'être accusé d'un horrible et trop banal calembour; enfin, il est d'un commerce poli et pas désagréable.

Par exemple, ce n'est plus le Gaillard solidement charpenté qui, à la tribune des Folies-Belleville, *s'empoignait* avec Vermorel et Maurice Jolly. Il a maigri plus que de raison depuis cette époque de verdeur et de biceps puissants.

On l'a vu à différentes reprises dans des réunions royalistes. Nous sommes loin de vouloir en induire qu'il est devenu un des fermes soutiens de la Maison de Bourbon.

La dernière fois que Napoléon Gaillard se montra en public, ce fut à la salle Lévis.

Mais il est triste.

C'est que la grève des barricades lui fait trop de loisirs et qu'il n'a pas sa chaire en Sorbonne!

CATHELINEAU

Des premiers il fut debout aux jours de malheur, au milieu de cette noblesse française que l'on trouve toujours au premier rang quand il faut verser son sang pour la patrie.

Il commandait un corps qui s'appela d'abord : les volontaires vendéens, puis simplement : le corps Cathelineau. L'histoire conservera ce nom inoubliable, comme elle gardera celui des zouaves de Charette, tous deux glorieux et héroïques.

Ce corps se composait de 18,000 hommes, appuyés d'une réserve de 15,000 hommes, qui, en cas d'attaque prenant les proportions d'une bataille, se plaçait sous le commandement de Cathelineau.

Les volontaires portaient la vareuse avec une image de la Vierge sur la poitrine. On sait quelle fut leur belle conduite dans tous les combats de l'armée de la Loire, notamment à Coulmiers.

Le fils ainé de M. de Cathelineau, blessé et décoré à Mentana aux zouaves, était, lui aussi, sous les armes, à Paris, et fut plusieurs fois porté à l'ordre du jour pour sa belle conduite dans tous les engagements. A la tête de quelques hommes, il entra, le 31 octobre 1870, dans la salle de l'Hôtel de Ville et délivra le gouvernement qui passait ce jour-là un vilain quart d'heure.

Son second fils, un enfant de seize ans, fit toute la campagne auprès de son père, d'abord dans une compagnie d'élite, puis dans les éclaireurs à cheval.

La noble femme de Cathelineau, elle-même, âme vaillante, d'un ardent patriotisme, accompagna son mari et supporta toutes les fatigues de la campagne.

Tous debout pour la France, dans cette famille! Mme de Cathelineau était à la tête de l'ambulance du corps, qu'elle a bravement soustraite, par une aventureuse marche de nuit, aux Prussiens qui voulaient enlever les convalescents.

Les autres enfants étaient trop jeunes pour prendre part à la guerre.

M. de Cathelineau avait été fait chevalier de la Légion d'honneur. Pour beaucoup, la reconnaissance nationale a été moins parcimonieuse.

Mais qu'importent les honneurs à qui l'honneur seul est cher?...

M. de Cathelineau est père de dix enfants : quatre garçons, dont trois mariés, et six filles; l'aînée est en religion; la seconde est Mme d'Aubigny; la troisième, Mme la comtesse de Clinchamp-Bellegarde; la quatrième, Mme la comtesse de Guiffolet-d'Aurimont; les deux dernières, toutes jeunes sont jumelles.

En 1871 ont paru deux volumes de Cathelineau sur les opérations du petit corps d'armée pendant la guerre : deux éditions ont été enlevées et ce livre est introuvable aujourd'hui.

M. de Cathelineau, tout entier à la vie de famille, voyage beaucoup de l'un chez l'autre de ses enfants.

Il habite Sèvres.

Dans cet oublieux pays, il est presque un disparu, mais il est de ceux qui reparaissent toujours dès que la France bat le rappel.

M. DE MAUPAS

Nous ne croyons pas que la disparition de ce fonctionnaire à poigne du second Empire fasse se tordre de douleur la généralité des Français.

M. de Maupas avait été sous-préfet d'Uzès, de Beaune, de Boulogne-sur-Mer, préfet de Moulins et de Toulouse, lorsqu'il succéda à M. Carlier, à la police.

Le 22 janvier, on créa un ministère de la police générale et il reçut ce portefeuille. Il est certainement l'homme qui donna le plus d'avertissements aux journaux ; *quatre-vingt-douze* en moins d'un an !

Ce fut lui qui, à la suite d'un article de M. de Villemessant où il était question de lui, fit défendre par dépêche la vente du *Figaro* à Marseille.

Naturellement, le numéro s'enleva par milliers ; les derniers exemplaires se vendirent jusqu'à trois francs. Deux ou trois aventures comme celle-là, et l'avenir d'un journal est à peu près assuré.

Il fut récompensé de son zèle par un siège au Sénat, son ministère ayant été supprimé. Puis, on l'envoya comme ministre plénipotentiaire à Naples.

En 1860, il fut nommé administrateur des Bouches-du-Rhône. Il fit de la politique à outrance, dépassant toutes limites, et conquit en peu de temps l'animadversion de tout Marseille.

On lui a fait une réputation d'Haussmann marseillais, et l'on a prétendu que c'était à lui que la grande cité phocéenne devait sa rénovation.

C'est une erreur.

Les projets de tous ces grands travaux étaient arrêtés avant sa prise de possession du gouvernement des Bouches-du-Rhône. Ainsi en fut-il pour la construction de la rue Impériale devenue rue de la République. Ce qui lui revient en propre dans les travaux nouveaux, c'est ce Palais de la Préfecture, immense caserne d'une déplorable architecture dans laquelle furent engloutis dix millions.

Du reste, il ne profita pas du monument qu'il avait érigé. M. de Maupas fut changé et remplacé par M. Levert, aujourd'hui député, qui y donna le premier bal.

Un beau jour, il advint que le maire de Marseille, sous la pression du haut et puissant seigneur, administrateur général, envoya de nombreuses escouades de terrassiers, de jardiniers, de pépiniéristes, qui, en un tour de main, vous eurent bouleversé la place Royale et l'eurent métamorphosée en un square avec lacs, pelouses et corbeilles de fleurs. Ce travail énorme s'accomplit en dix jours, à la stupéfaction du public et à son très grand mécontentement, car cette place servait de dégagement à la Cannebière et au port.

On finit par apprendre que c'était là une gracieuseté du préfet pour une aimable personne qui avait ses faveurs et qui, demeurant sur cette place, avait demandé à avoir, sous ses fenêtres, un jardin toujours vert.

On n'est pas plus Louis XIV.

Mais est-ce vrai? Les Marseillais ont tant d'imagination!...

Cependant, il y a deux ou trois ans, le fait nous était

affirmé par un homme très au courant de ces affaires intimes, au café de Suède, tenu alors par la belle Mme A...

M. de Maupas, grand-officier de la Légion d'honneur, est aujourd'hui âgé de soixante-huit ans. Après la guerre, il n'a pas réussi à se faire nommer conseiller général. Il vit retiré, tantôt dans l'Aube, où il est né, tantôt à Paris, dans son appartement de la rue du Bac, et doit regretter amèrement le temps heureux où, en punition de ce léger croquis, il eût pu décerner à notre éditeur un avertissement bien senti.

Il a publié des mémoires que l'on dit fort intéressants.

BONTOUX

C'est un effondré, plutôt qu'un disparu.

En effet, Bontoux n'a pas succombé à la façon de ces financiers vulgaires qui, fuyant les responsabilités, disparaissent en emportant les dépouilles opimes de leur clientèle pressurée jusqu'au sang.

L'homme de la *timbale* a succombé en plein succès, en pleine période d'expansion ultra brillante, et seulement sous les coups d'une coalition effroyable où les hommes du gouvernement faisaient le jeu des banquiers ennemis.

La chute fut profonde; elle secouait la France jusque dans ses fondements, et l'ébranlement fut tel, que le pays n'en est pas encore complètement remis.

S'effondrer dans de pareilles conditions, ce n'est pas disparaître, c'est plier sous l'orage, en attendant que l'accalmie permette de se relever.

L'histoire de Bontoux et de l'Union générale n'a pas été faite, mais elle est à écrire aujourd'hui que les mécomptes sont un peu atténués.

Celui qui la tentera réhabilitera forcément les hommes qui en furent les premières victimes.

Le grand tort de Bontoux fut d'avoir trop d'initiative et de succès.

L'initiative, on l'admit dans les premiers temps, car les adversaires supposaient qu'elle se calmerait vite. Mais les succès trop éclatants, et surtout trop répétés, ameutèrent la troupe des financiers qui n'avaient pas obtenu une part du gâteau.

D'abord vinrent les sourdes calomnies. On prétendait que l'Union générale était une banque catholique, groupant tous les capitaux catholiques pour se servir un jour de cette puissance contre la République.

L'Union générale était si peu catholique que Feder, son directeur, était protestant, et Rappaport, son autre directeur, israélite.

La vérité, c'est qu'elle avait pour base les capitaux français groupés pour réagir contre les capitaux allemands qui s'efforçaient d'accaparer le monopole des affaires de la France.

A ce titre, le gouvernement devait défendre contre toute atteinte cette banque essentiellement nationale, et qui ne faisait pas de politique.

Loin de là, Gambetta se laissa persuader qu'il y allait du salut du pays de tuer cette coalition prétendue catholique et hostile.

Ce fut des plus faciles. Une plainte non justifiée, Bontoux et Feder arrêtés, et tout s'effondrait.

Depuis, l'Union générale a donné 85 0/0 à ses créanciers, ce qui prouve qu'elle était bien au-dessus de ses affaires. Remarque curieuse : Gambetta et l'Union générale sont tombés le même jour.

Un ami très mêlé à la question nous raconte que, le jour de l'arrestation, il courut à la Chambre pour supplier le président du Conseil de revenir sur cette détermination, — qui allait tuer la bourse.

Comme Gambetta était à la tribune et parlait, notre ami

fit demander le député Étienne et le pria de lui servir d'intermédiaire auprès du ministère.

— Tout s'effondre si vous n'intervenez pas, dit-il.

— Même le ministère! répondit M. Étienne; il n'y en a plus, Gambetta vient de donner sa démission.

On sait le reste.

La catastrophe fut terrible; les fortunes privées et le crédit public subirent un de ces chocs dont il faut de longues années pour se relever. Les révolutions, la guerre, la Commune n'avaient pas produit une telle perturbation.

Dans cet écroulement ou tombèrent tant de financiers qui, la veille encore, semblaient à l'abri des pires éventualités, il y eut d'héroïques sacrifices à l'honneur de la corporation des agents de change; il y eut aussi de beaux exemples de renoncement de la part de particuliers venant restituer des bénéfices acquis pour qu'on ne pût suspecter la bonne foi de leurs opérations.

Le brave général de Miribel fut du nombre de ceux-ci; au jour de la ruine, il réunit toutes ses ressources et reporta à la caisse en détresse les bénéfices déjà réalisés et les versements promis, ne croyant pas acheter trop cher le salut de son honneur au prix de la pauvreté.

Bontoux est un petit homme brun, maigre, sec, nerveux, toujours en mouvement. Sa parole est abondante et facile.

C'est un ingénieur de grande valeur. Avant de créer l'Union générale, il était directeur, pour le compte de la maison Rothschild, des chemins de fer du Sud Autrichien-Lombard. Mais ce n'est pas un ingénieur positif, absorbé dans les x; c'est un homme d'imagination et de vaste envergure, rêvant de grands projets et les mettant à exécution. Il y a du poëte en lui.

La maison Rothschild a produit trois hommes de cètte sorte : les deux frères Pereire, et Bontoux, plus jeune qu'eux et venu plus tard. Et ce n'est pas le moins étrange de cette Banque à idées arrêtées et quelque peu arriérées, d'avoir créé les seuls hommes qui aient révolutionné nos finances.

C'est en quittant la direction des Lombards que Bontoux a repris et, pour ainsi dire, inventé l'Union générale, qu'il conduisit à son apogée et avec laquelle il a sombré.

Mais il est de ceux qui ne se cassent jamais les reins dans leurs chutes. Il s'est remis de cet ébranlement et ne perd pas l'espoir de rebondir un de ces jours.

Comme en France tout arrive, on ne sera sans doute pas étonné de le revoir apparaître à l'horizon.

M. VAPEREAU

Une savante culture de la vanité humaine lui ayant fait des rentes, ce distributeur de célébrité à ses contemporains s'est retiré dans son fromage qui, pour n'être pas de Hollande, ne lui fournit pas moins un abri confortable et fleurant bon.

C'est dans le clos de la Guérinière, à Morsans-sur-Orge, au-dessus du château de Savigny, qu'il est allé cacher son bonheur et continuer à rassembler, sans repos ni trêve, des documents pour son dictionnaire qui sera éternel, car les gogos de la gloriole poussent, pullulent et se renouvellent, dans notre sol fertile de France, autant, sinon plus encore, que les gogos de la Bourse.

Il a disparu, du reste, depuis 1870, époque à laquelle il fut empoigné par la Révolution et sévèrement condamné à plusieurs années de préfecture dans des départements lointains, où il fut même forcé de se vêtir d'habits à broderies chimériques et de pendre à son côté le glaive ironique à poignée de nacre, insigne des fonctionnariats pacifiques.

Il ne se doutait pas de ces grandeurs futures lorsqu'il était secrétaire de M. Cousin, de ce même M. Cousin sur lequel on avait fait ce quatrain, que je ne résiste pas au plaisir de reproduire. C'était à l'époque où la congrégation venait de mettre à l'index l'œuvre du philosophe :

> Victor Cousin, je bénis ton martyre
> Et cet index qui maudit tes écrits,
> Car le Pape, à coup sûr, nous aurait mieux punis
> En nous ordonnant de los lire.

M. Vapereau, en dehors du dictionnaire qui est sa poule aux œufs d'or, a donné de nombreux articles aux revues et journaux. Nous ne saurions mieux faire, d'ailleurs, que d'engager les personnes qui désireraient connaître la vie et les œuvres de M. Vapereau, par le tout menu, à consulter le *Dictionnaire des Contemporains* de Vapereau, où cet article est traité avec un grand soin. Il a oublié cependant de mentionner le pseudonyme d' « Adrien Tell », sous lequel il écrivait, vers 1866 et 1867, des articles corrects dans un petit journal très bien fait et très littéraire intitulé : *les Nouvelles*, qui a vécu ce que vivent les roses et les journaux dont l'excellent Dumas père prenait la direction.

Nous l'avons dit, 1870 bombarda préfet l'ex-secrétaire de Victor Cousin et le collaborateur masqué des *Nouvelles*.

Il fut envoyé exercer la grandeur dans le Cantal et dans Tarn-et-Garonne.

Aujourd'hui les habits pompeux sont remisés dans l'armoire; ils n'en sortent, de temps à autre, rarement, que pour de petites satisfactions intimes, lorsque M. Vapereau, songeant au passé glorieux, se regarde dans la glace pour se donner une crâne idée de ce que c'est qu'un beau préfet. Mais il redescend vite sur terre, et revient à son dictionnaire qui ne donne pas le vertige, lui, mais qui, avec ses cinq éditions, lui a rapporté plus de richesses qu'il n'en 'eût pu jamais conquérir avec un glaive à poignée de nacre.

Quand nous l'avons vu, il rédigeait la lettre G, et était en train de donner la célébrité à Guibolard, homme de lettres intentionniste qui a failli faire un acrostiche en 1875 pour la fête de la République.

PRINCESSE SOUWAROFF

Cette belle grande dame qui, pendant de nombreuses saisons, a rempli Nice et Monaco du bruit de ses fêtes, de ses prodigalités et surtout de ses luttes téméraires contre la roulette, a, depuis cinq ou six hivers, complètement disparu de ces Edens.

La part de fortune qu'elle y avait laissée fut si considérable, que le tsar défunt lui interdit, dans son intérêt, de sortir de Russie, pour qu'elle pût réparer les brèches faites à son capital par tant de maximums malheureux sur des numéros pleins.

Aujourd'hui, elle habite un de ses palais, dans la ville de Kirsanoff (gouvernement de Tamboff). Là, du moins, s'il ne pousse ni palmiers, ni oranges, il ne pousse non plus ni croupiers ni roulette.

La princesse Souwaroff — née Basilewska, — était immensément riche quand elle épousa le prince, dont la fortune était modeste. Après quelques années de vie commune, ils se séparèrent : le prince voyagea et la princesse alla chercher des émotions à Monaco.

Elle jouait des sommes énormes ; sa hardiesse, son sang-froid, ses alternatives de gains considérables et de pertes ruineuses faisaient sensation.

Après le jeu, on allait beaucoup souper, dans sa villa de la promenade des Anglais.

Quelques anecdotes tapageuses, quelques fréquentations au moins excentriques donnèrent naissance à certaines légendes un peu compromettantes et vraisemblablement exagérées.

Une actrice du Palais-Royal fréquentait alors la princesse. A la fin d'un souper, cette dernière venait de retirer sans façon sa bottine de satin blanc et l'avait jetée au loin. L'actrice s'élança, s'empara de la bottine, la remplit de champagne et vida cette coupe d'un nouveau genre à la santé de la noble hôtesse. C'était moins fort que Bassompierre, mais cela suffit pour exciter l'admiration de l'assistance et pour monter l'enthousiasme de la princesse à un tel point, qu'elle sauta au cou de la bambocheuse et, dans un généreux transport, lui dit en l'embrassant :

— Dès demain, vous aurez une villa près de la mienne !

Et il fut fait ainsi. Par acte notarié, dès le lendemain, l'artiste était mise en possession d'une villa.

Elle fit mettre sous verre et conserve, comme une précieuse relique, la féerique bottine qui, semblable à la pantoufle de Cendrillon, produisit des merveilles.

Un jour, à Monaco, un jeune homme très *pschutt* se fit, au trente et quarante, le marqueur de la riche moscovite. C'est-à-dire qu'étant décavé, il s'amusait à piquer sur une carte les séries et les intermittences.

La princesse ne le connaissait pas : cependant elle consultait cette carte.

Elle gagna beaucoup ce jour-là, grâce sans doute à ce concours, et, reconnaissante, offrit très délicatement un billet de mille au gentleman qui accepta.

Le lendemain, même manège, même chance et même générosité. Et ainsi pendant une huitaine.

Enfin la déveine arriva, la princesse perdit, et un jour qu'elle était complètement décavée, son marqueur ordinaire lui offrit sa bourse.

La joueuse y puisa, rejoua, se refit largement et remboursa l'emprunt à de gros intérêts.

Et l'association continua.

Au bout de la saison, le cavalier servant se retirait avec un bénéfice de 50,000 francs.

Lui parti, les mauvais jours arrivèrent ; c'était un porte-veine. Dès qu'il eut pris le train, le noir guignon s'abattit sur la princesse et produisit ce grand effrondement qui détermina la mesure de l'empereur Alexandre.

EUGÈNE GRANGÉ

Cet homme aimable, cet auteur dramatique fécond, ce chansonnier inépuisable s'était retiré de la vie militante. Sa santé chancelante ne lui permettait plus guère que de se rendre aux banquets annuels du Caveau, dont il faisait partie depuis 1865 et dont il a été huit fois nommé président, chaque fois pour une année ; car, d'après les statuts de la Société, on ne peut être président que pour un an, et l'on n'est éligible qu'après une année d'intervalle.

C'est chez la célèbre Mme Saqui que se décida sa vocation. Il le dit dans une chanson dont voici un couplet :

> C'est là qu'au public indigène
> De ce modeste casino,
> J'ai donné, sous le nom d'*Eugène*,
> Les premières de mon tonneau,
> Comme Clairville à Bobino.
> La direction fort civile
> Trouvait mes couplets gais et francs,
> Et pour le prix d'un vaudeville,
> Je recevais... cinquante francs!
> Ah! que de fois j'ai, maigre auteur,
>   Béni chez le traiteur
>   L'argent qui
> Venait de la mère Saqui!...

Depuis ces débuts modestes, il avait fait du chemin.

On a joué de lui environ trois cents pièces, vaudevilles, drames, comédies, opéras-comiques, opérettes, sur les divers théâtres de Paris.

Qui ne se souvient de la chanson qu'il avait intercalée dans les *Bohémiens de Paris*, ce mélodrame célèbre qui le fit prendre rang parmi les auteurs en vogue?

Il possédait à un très haut degré l'art de charpenter une pièce.

Jules Noriac disait à ce propos :

— Un homme précieux, Grangé, outre qu'il est un excellent homme. Vous lui portez la *Géométrie* de Legendre et vous lui dites : « Je voudrais faire une pièce avec ça; voulez-vous en être? » Le lendemain matin, il vous apporte un plan complet de cinq actes et un prologue.

Son rival en chansons, Clairville, lui dit un jour dans la langue des dieux, qui lui était familière :

Sois du Caveau, Grangé, c'est moi qui *t'en* convie...

Et Grangé fut du Caveau, ainsi que son ami *l'en* conviait.

Et il n'y resta pas inactif : car il y donna plus de quatre cents chansons, d'un tour aimable, spirituel, d'une philosophie douce qui n'exclut pas une satire très judicieuse. Il y prononça, de plus, une centaine de toasts en vers, le président étant tenu, à chaque banquet, d'en porter un à la Chanson. De telles épreuves ne sauraient être sans influence sur les tempéraments même les plus robustes. Aussi est-il devenu presque aphone, plus encore que son confrère du Caveau, l'excellent comédien Saint-Germain, qui a, lui aussi, un assez grand nombre de toasts à ses états de service.

Eugène Grangé est connu par une particularité qui a souvent exercé la verve des blagueurs. Son nez, taillé dans la pourpre, a des flamboiements de rubis. Quelles plaisanteries n'a-t-on pas faites sur cet appendice incandescent?

Tantôt on disait qu'il passait le bout de son nez par la boutonnière de son paletot pour faire croire qu'il était décoré.

Celui-là racontait qu'en omnibus le conducteur, voyant étinceler cette flamme dans la pénombre de la voiture, l'avait interpellé et mis en demeure d'éteindre son cigare.

Et mille autres lazzis. Grangé avait bien trop d'esprit pour s'en fâcher.

Un autre nez, dans le monde littéraire, eut autrefois une célébrité peut-être plus grande encore. Ce fut celui d'Hippolyte Lucas, quelque chose d'inconnu, d'énorme.

Un jour, il jouait une partie d'échecs avec un confrère, et, tous les deux, la tête penchée sur l'échiquier, presque à se toucher, combinaient la stratégie des pions. Lucas, très enchifrené, reniflait à tout instant avec un bruit qui finit par impatienter son adversaire.

— Mouchez donc votre nez, dit celui-ci.

— Mouchez-le vous-même, répondit Lucas avec une grande douceur; il est plus près de vous que de moi!

FIN

TABLE DES MATIÈRES

	Pages
Trompette	1
Marco de Saint-Hilaire	5
Suzanne Brohan	8
Princesse de Metternich	10
Vésinier	15
Le colonel Stoffel	18
Latour Saint-Ybars	19
Ismaël	21
Harmant	25
Toussenel	27
Sophie Cruvelli	30
Chassepot	33
Francine Cellier	35
Pujol	38
Bergeron	40
Le colonel Merlin	43
Mlle Duverger	46
Ferdinand Duval	50
Bonvalet	52
Étienne Arago	54
Jenneval	56

TABLE DES MATIÈRES

	Pages.
Félix	59
Vivier	62
Le général Thibaudin	64
Le commandant Brasseur	67
Le général de Failly	70
Mlle Jane Essler	74
Le comte Benedetti	78
Hortense Schneider	80
Alboni	83
Le colonel Willette	87
Rosina Stoltz	89
Disderi	93
Auguste Mabille	96
Massol	99
Mme Dorus Gras	102
Boittel	105
Gabrielle Elluini	107
Ismaïl Pacha	110
Mme Eugénie Doche	112
La baronne de Kaulla	115
Martel	117
Le général Le Flo	119
Marie Rose	121
Paul Bocage	122
De Chabrilland Mogador	124
Le comte de Nieuwerkerke	125
Marie Sass	126
Strauss	128
Ernoul	129
Alice Ozy	130
Schanne	132
Le maréchal Lebœuf	134
Laurent	135
Fanny Cerrito	138
Pinard	143
Bouffé	145
Darimon	147

TABLE DES MATIÈRES

	Pages.
Le général Trochu	149
Albert	152
Estancelin	153
Le sergent Boichot	157
L'homme aux moutons	159
Bazaine	163
Le général Rolland	165
Rosa Bonheur	171
Péters	175
Le général Deligny	178
Eugène Cormon	181
L'abbé Bauër	184
Mme Porcher	188
Cluseret	191
Mme Arnould Plessy	193
Le général Millot	196
Augustine Brohan	199
Émile Ollivier	201
Le général Lebrun	203
Berillon	206
Daiglemont	209
Adolphe Cholet	212
Mme Anaïs Fargueil	214
Le général Mellinet	217
Blondin	223
Charles Quentin	224
Villaret	227
Le sergent Hoff	229
Chollet	231
Tamberlick	233
L'abbé Crozes	235
Mlle Delval	239
Mlle Gueymard	241
Le zouave Jacob	243
Félix Piat	246
Albert Gigot	251
Le père Gaillard	253

TABLE DES MATIÈRES

	Pages.
Cathelineau	255
De Maupas	257
Bontoux	260
Vapereau	264
Princesse Souwaroff	267
Eugène Grangé	270

FIN.

Paris. — Soc. d'Imp. PAUL DUPONT, 41, rue J.-J.-Rousseau (Cl.) 38.5.87.

www.ingramcontent.com/pod-product-compliance
Lightning Source LLC
Chambersburg PA
CBHW050656170426
43200CB00008B/1308